La vida y sus encrucijadas. Un camino para el Buen Vivir

Autor

Guillermo Rojas Quiceno

Léeme
Instituto Internacional del Saber
Primera edición: Marzo de 2011
España-Colombia
ISBN: 978-1-4475-1107-6

La vida y sus encrucijadas. Un camino para el Buen Vivir

Colección Léeme

Directora:
Eugenia Trigo
Consejo editorial y científico:
Magnolia Aristizábal (Colombia)
Harvey Montoya (Colombia)
Guillermo Rojas (Colombia)
Helena Gil da Costa (Portugal)
José María Pazos (España)
Sergio Toro (Chile)
Ernesto Jacob Keim (Brasil)
Katia Brandão (Brasil)
Anna Feitosa (Portugal)

Diseño, diagramación, impresión y prensa digital: iisaber
Imagen de portada: Fanny Beatriz Rojas Quiceno.

El conocimiento es un bien de la humanidad. Todos los seres humanos deben acceder al saber. Cultivarlo es responsabilidad de todos.

Se permite la copia, de uno o más artículos completos de esta obra o del conjunto de la edición, en cualquier formato, mecánico o digital, siempre y cuando no se modifique el contenido de los textos, se respete su autoría y esta nota se mantenga.

A mi hermana Nelsy Cecilia,
quien con amor por la vida y
fortaleza,
derrotó satisfactoriamente al
cáncer de mama.

INDICE

Prólogo (Dra. Eugenia Trigo) ..	11
Introducción	19
La vida y	
la ternura .	22
las dificultades económicas ...	24
la condición de ser (humano)	27
el trabajo ...	29
las tragedias .	32
el suicidio .	35
la obsesión	38
el dolor físico	42
el orgullo	45
el rencor	48
mi vida sin ti ..	50
¿a que vinimos? .	54
la amargura	56
la confianza ..	59
los nervios .	61
la melancolía ..	64
la impulsividad ...	66
la pérdida de control ..	69
la recriminación .	71
la confusión ...	74
el error ..	76
el enojo .	78

como conectarme con la vida	179
lo que dejamos pasar	182
lo que somos capaces de dar .	183
cómo vengo al mundo	186
cuando el ser humano busca la felicidad ..	190
la libertad ..	194
las presiones competitivas .	197
la familia	200
los hijos .	203
la capacidad de sueño	206
el aburrimiento .	209
el doble suicidio	212
la madre	217
el padre .	220
los seres inacabados ..	224
los hermanos	226
Referencias bibliográficas ...	229
Nota sobre el autor ..	233
Evaluaciones comité editorial ...	234

la autoestima ..	81
la actitud temperamental	84
la afectividad ..	86
las enfermedades	89
el tenerlo todo	93
la honestidad ..	95
la adicción al amor .	98
las dolencias físicas .	101
la construcción de ilusiones ...	104
la objetividad ..	108
la ilusión de amar ...	111
la ilusión de amar a la pareja ..	120
la familia	125
otra oportunidad para la vida .	128
sus tristezas ..	131
el sentido de culpa .	135
el perdón ..	138
la soledad ...	142
la necesidad	144
la pena moral	147
razones para vivir ..	150
el odio	152
las metas	154
las dificultades	157
la fama ...	159
la convivencia	162
la educación ...	165
el abuso .	169
la alimentación	173
historia de vida ..	174
el engaño en el amor .	178

PRÓLOGO

La vida, ¿qué es la vida?, ¿una realidad?, ¿una ilusión?, una metáfora?, ¿un proyecto? ¿Se puede definir la vida? Muchos textos escritos al respecto desde el punto de vista biológico, filosófico, antropológico, cultural. Mas, ¿cabe en ellos la VIDA así con mayúsculas?

Y si definir la vida resulta casi imposible, ¿qué podríamos decir sobre el sentido de la vida? ¿Constituirán estas cuestiones parte de esas grandes preguntas que nos hacemos cuando nos atrevemos a detenernos, como el mismo Guillermo Rojas, nos insta?

En ese campo del saber-sentir-proyectar la vida se ha inmiscuido este novel y gran autor. Desde la simplicidad de su ser complejo, y después de haberse sanado a la vida, se ha atrevido a hablarnos de la vida y animarnos a reflexionar y vivir plenamente nuestra vida. A través de textos cortos nos va desgranando esos temas del día a día. Temas que nos tocan a unos y a otros de alguna manera, mas no siempre deparamos en ellos. Es un libro para la lectura lenta, la reflexión, la pregunta y la duda. Es un libro para llevarlo consigo, en el bolsillo del pantalón o en su cartera. Podrá conversar consigo mismo, con sus familiares y amistades o con el propio autor. La intención de Guillermo es, darnos un toque de atención a que despertemos, que nos demos el tiempo para vivir cada momento y no nos distraigamos en las tareas que la sociedad-mundo nos presenta como importantes e ineludibles. Porque la vida no se repite, el tiempo pasa, el tiempo es vida, el tiempo no tiene vuelta atrás, no se puede recuperar lo que no se ha vivido. Y como humanos tenemos la responsabilidad de colaborar con otros en la construcción de mundos posibles en que la vida sea el eje, en que la vida gane terreno a la destrucción, la violencia, la muerte.

Es sobre estas cuestiones que Guillermo nos habla. Y ¿quién es Guillermo Rojas?

Lo conocí en el año 2007 en la Universidad del Cauca (Popayán, Colombia) comoestudiante del doctorado en Ciencias de la Educación, en dónde yo formaba parte del comité académico y era su profesora. Tenía un algo especial qué animaba a acercarse. Y el acercamiento se produjo después del congreso internacional de currículo celebrado en la ciudad de Paipa. Ahí, Guillermo decidió y me solicitó que fuera su tutora. Acepté de buen grado y comenzaron nuestros encuentros académicos-formales.

Había que retomar el proyecto de tesis que presentara para acceder al doctorado. Era un proyecto c omún en dónde no se veía a la persona que tenía delante por ningún lado. Sabía que acababa de pasar por una situación personal bien difícil y que no se podía avanzar en proyecto ninguno, mientras no entrara en su propia ser, su historia y proyecto de vida. No nos conocíamos, por lo que el primer paso, en aquel entonces, fue entablar relaciones cordiales que nos llevaran mutuamente a s oltar las amarras académicas y las máscaras que, muchas veces, nos colocamos en estos espacios. Había que tr abajar mano a mano, cara a cara, sincerarnos, conocer la manera de ser de cada uno para poder caminar.

Y a eso nos dedicamos durante un año. Un año, en que Guillermo fue desvelando su vida, sus tristezas, alegrías, posiciones. No importaba que la tesis caminara o no, lo importante era que él anduviera en el camino de la vida.

El tema de tesis iba modificándose a medida que él desentrañaba su vida, surgían nuevas preguntas y horizontes. Veía otras perspectivas, emociones y sentimientos que se fijaban en el brillo de sus ojos. En el esfuerzo de comprender, se iba dejando fluir. Fue un año duro, mas sumamente reconfortante por los logros obtenidos.

El segundo año de formación doctoral, una vez s uperada la crisis en que nos habíamos conocido, enfrentamos un nuevo desafío: centrar el tema de tesis. ¿Cómo hacer de la tesis, vida y de la vida, tesis?, ¿cómo no separar lo que se vive unido?, ¿cómo mostrarlo en el mundo académico-formal? Y, si el primer año, nos había enfrentado a la vida personal, en el segundo, enfrentamos la búsqueda de coherencia entre la vida personal, familiar, social, profesional y académica. Además, Guillermo es ingeniero y constructor y, entra al mundo de la educación por la vía de una maestría y ahora un doctorado. ¿Cómo compaginar todo ello?

Primeros escritos, primeros textos en dónde se siente la tensión, la vida, la coherencia. Allí iban apareciendo sus preguntas (cientos), pensares, sentires, propuestas... Mas, ! qué difícil era leerlo! Me enfrentaba con un gran orador y un mal escritor. !Y una tesis obliga a hacerla en lenguaje alfabético escrito! Me iba a casa, pensando en qué hacer y cómo orientarlo en este campo. Ya no era sólo el abordaje de la temática, de la pregunta de investigación, de las lecturas adecuadas, era inventarse estrategias para que Guillermo, fuera capaz de colocar por escrito aquello que quería hacer. Fuimos-vamos despacio, nunca la prisa nos acorrala. Partimos de un principio: la tesis hay que gozársela, porque es parte de nuestro tiempo de vida y ese principio nos acompaña en este proceso y relación, ahora ya amistosa, y no sólo académica.

Mientras se iba construyendo el proyecto de tesis y después la tesis en sí misma (en lo que estamos ahora), un día me comenta d octora, así me sigue llamando sin que haya conseguido superar la nominación, en mis ´ratos libres´ estoy escribiendo unos textos sobre la vida, que me gustaría que leyeras. Claro, le dije, envíamelo.

Cuando recibí los primeros textos, me quedé sin palabras. Allí estaba Guillermo desnudo ante el mundo. Pero su desnudez le había llevado a reflexionar en profundidad sobre la vida. Eran textos maravillosos, sencillos y profundos. Textos que embelesaban, hacían vibrar de emoción y sentí que ahí se estaba develando un gran escritor. Un escritor que ya declamaba en conferencias nacionales e internacionales y llenaba auditorios. Enseguida le dije Guillermo, esos textos constituyen un libro, debes publicarlo . Fue pasando el tiempo, hasta que él consideró terminado este primer tomo de reflexiones sobre la vida. Libro que ahora tienen ustedes en sus manos y serán ustedes quiénes juzguen su valía.

Guillermo está haciendo varios caminos paralelos: enfrentando sus desgarros, construyendo nuevas relaciones familiares, emprendiendo desafíos profesionales-empresariales, escribiendo sobre estos mismos procesos y construyendo, de manera

Mucho más formal, la elaboración de una tesis doctoral sobre el Buen Vivir en Colombia. Con este trabajo, Guillermo vive lo que escribe y escribe lo que vive, he ahí la armonía de la que habla el *Sumak Kawsay* o Buen Vivir, ahí se va organizando una tesis doctoral en coherencia.

Los textos que tienen en sus manos, tienen significado por sí mismos, no necesitan explicaciones ni relaciones con su tesis doctoral. Son textos autónomos y pueden ser leídos, en el orden que el lector elija. Déjense llevar por su intuición, estado emocional del momento, abra el libro al azar y permítanse impregnar por el sentido que Guillermo coloca en cada palabra, frase, idea. Seguro que encontrarán, en cada ensayo, como si para usted estuviera escrito. Disfruten y gocen con este pequeño-gran libro que Guillermo Rojas nos pone en las manos.

Dra. Eugenia Trigo
Enero, 2011

INTRODUCCIÓN

La vida es la construcción de experiencias y vivencias que el ser humano experimenta y afronta. De tal suerte, el tipo o la forma de vida que cada uno lleva, se da de acuerdo al mundo construido con consciencia, emoción y razón.

Por eso, si bien es cierto que la vida de cada ser humano tiene circunstancias diferentes, también la persona debe tratar de superar obstáculos o vivir con las condiciones propias de cada etapa.

En los momentos que no le encontraba sentido a vivir, en esos tiempos de intensa tristeza, me cuestionaba sobre mi vida y en esas circunstancias siempre pude concluir que yo no debía continuar viviendo.

Cada pasaje de la vida, lo veía de forma negativa y, por bueno que fuera, siempre le buscaba la parte

mala, aquella que originaba un susurro en mi
oído que decía ¿ para qué la vida?.

Como mi posición era la de no escuchar y ver las cosas como yo quería, perdí el encanto por vivir. Era una fuerza extraña en mi ser, una fuerza que me impedía pensar, actuar y reír, solo podía llorar, fueron largos días de lágrimas.

Un cierto día reaccioné, me propuse cambios espirituales, aceptar la vida, vivirla y perdonarme, fue un ejercicio nada fácil. Fue la manera de conocerme un poco y guiar mi propia vida.

Así las cosas, lo que este proceso de escritura demarca es una característica propia desde el recorrido de mi vida camino al suicidio. Fueron dos años de angustia y pérdida del encanto por vivir, donde no hallaba sentido para mi existencia. Esos momentos difíciles y dilemas de mi existir, me llevaron a investigar los motivos que conducían a una persona al suicidio, pero el sentimiento de amor por la vida me permitió comprender que era necesario convertir esos motivos en encanto y razones para el Buen Vivir.

No cabe duda que Dios fortalece a través de la fe y la esperanza, que el amor es la manera de estar bien con uno mismo, con los demás y con la naturaleza, pero ante todo que la vida es una oportunidad para ver las cosas maravillosas, aceptar los momentos difíciles como también los mágicos y comprender que la felicidad depende de cada ser humano.

Fue ésta la manera de renunciar a mi propio suicidio y convertir aquello que fue motivo de investigación y momentos muy difíciles en aportes para una vida que despierte interés y motivación.

Los textos fueron escritos a lo largo de dos años, en cuadernos que cargaba conmigo. Cualquier momento era bueno para plasmar en el papel lo que estaba sintiendo, pensando u observando. Son textos cortos que usted, lector, puede abrir por dónde el azar le coja desprevenido. Mucha suerte.

LA VIDA Y LA TERNURA

Recordé qué era ternura cuando me encontré con mis dos hijas y mi esposa en un centro comercial y ese sentimiento me condujo a expresar y gritar con agrado y felicidad las muñecas de papá ; esa expresión fue una reacción sincera, emotiva. Sin pena y mucho menos vergüenza, sentí que el acto que estaba realizando lo llevaba a cabo en un campo libre; es decir, sentí que la pena era sólo una palabra de significado en el diccionario. Esa expresión y mi manifestación de felicidad es lo que llamo ternura, una forma sana, libre y saludable con que le expreso a mis muñecas todos mis sentimientos y afecto, ese abrazo que doy a cada una con sinceridad. Esa serie de sentimientos que me permite observar una expresión espontánea y sincera de las tres muñecas, es la ternura de mi corazón que me hace sentir mi propia ternura y me conduce a la felicidad para mantenerme seguro en los caminos de la vida.

Cuando hablo de ternura evoco a ese niño agraciado, descomplicado, cariñoso y expresivo que llevo en mi corazón, de esa ternura con la que le doy a mi amigo, a mi primo, a mi hermano, a mi padre, a mi madre, a mis hijas, a mi esposa, a mi vecino, a las personas con las que comparto el tren de la vida, sin importar el momento o el motivo. Ese sentimiento es el que me permite que observe y me dé cuenta con libertad cuál es el instrumento maravilloso para mi felicidad y la felicidad de los demás. Con Restrepo (1994) se comprende que el derecho no es una concesión de gobernantes dadivosos sino un poder que reglamenta las relaciones humanas. Entonces podemos hablar del poder de la ternura desde estas experiencias.

La ternura no tiene límite de edad, no necesita motivos, ni obliga, hace que todos seamos felices, me conduce a mi propia felicidad. La pena y la vergüenza no pueden seguir siendo obstáculos para expresar con emoción mis sentimientos y en especial, la ternura.

LA VIDA Y LAS DIFICULTADES ECONÓMICAS

La vida nos permite percibir que las dificultades hacen parte de la condición humana, dificultades que nosotros mismos hacemos más intensa en la medida que requerimos más cosas materiales para la felicidad.

Los seres humanos creamos dependencias y éstas las consideramos dificultades ¿por qué?, nos preguntamos , ¿será porque soñamos con posesiones y creemos que sin ellas no logramos las metas trazadas?

Es decir, proyectamos objetivos para nuestras vidas, con una dependencia en los logros materiales y la vida se hace emocionante en la medida que los bienes aumentan; condicionamos nuestro existir.

Se dice de una persona rica que es aquella que disfruta lo que tiene; he pensado que muchas personas, dedican su vida, en actitud de esclavitud, a los bienes que lo rodean o a los bienes que no se poseen, provocando obsesión y dependencia de lo material. Considera Rusell (2007) que las causas de estos diversos modos de infelicidad se encuentran en parte en el sistema social y en parte en la psicología individual.

En todo caso el ser humano no debería sentirse frustrado por la vida al mezclarla con las apetencias materiales, de allí que las dificultades económicas y los logros sean el timón de la vida de estas personas; es lo que guía y, en ocasiones, toma rumbos inesperados e involuntarios.

Nos es difícil comprender que ese poder, seguridad y felicidad supuestos del bienestar económico es algo imaginario, una creencia, algo superfluo que pasa como el viento. Las dificultades económicas nos ponen frente a situaciones nuevas donde se comprende que la vida es espiritualidad, que es humildad, que es amor. Para Fromm (1999) el amor es la respuesta al problema de la existencia humana. Si las dificultades económicas nos confunden, también nos envía el mensaje de conocer que la vida es más fuerte que esas cosas pasajeras. No obstante, algunos piensan que el suicidio puede ser la solución a las dificultades y/o problemas, sin comprender, a través de esa cruda actitud, para qué están viviendo ese episodio de vida.

Esas dificultades le permiten al ser humano ver la vida con el sentimiento y la realidad, es la re-contextualización del ser como humano. Para Rusell (2007) el problema nace de la filosofía de la vida que todos han recibido, según la cual la vida es una contienda, una competición, en la que sólo el vencedor merece respeto . La vida debe ser limpia del concepto de dificultad para ser consentido por la misma vida.

LA VIDA Y LA CONDICIÓN DE SER HUMANO

He trabajado sobre una teoría propia acerca del problema del suicidio. En ella pienso que quienes habitamos la tierra no somos seres humanos, sino simples seres; seres que a través de la vida y sus encrucijadas nos vamos humanizando. Proceso éste que no es alcanzable en la vida de los insensibles.

La vida tiene sus altibajos, momentos tristes y alegres; los alegres son estados en que los seres humanos quisiéramos permanecer inmersos, pero por aquello de la condición humana, esa alegría de la cual somos responsables cada uno, no es posible mantenerla debido a los cambios y caminos que debemos recorrer en la vida.

Los momentos tristes y difíciles, en la teoría que trato de desarrollar, va volviendo sensible al ser, le permite momentos de reconocimiento, crea libertad en su mente, así lo describe Freire (1970) cuando sostiene que la

Praxis es reflexión y acción de los hombres sobre el mundo para transformarlo.

Yo diría que este planteamiento facilita entender que no es la razón lo que permite proyectar una vida, sino la no razón. Darío Botero (2002) considera, por su parte, que esto y mucho más conduce al ser por el camino de la humildad, del respeto, de la convivencia, pero ante todo, al amor por uno mismo para amar a los demás. Y es en este momento donde el ser abre el camino hacia la humanización, esa sensibilidad que permite comprender que la vida es lo bueno que hagamos y entender que la muerte está segura de su victoria, pero ante todo, reconocer que el Todo Poderoso nos brinda una oportunidad de vida con sentido, trascendencia, con agrado, respeto, convicción y convivencia.

Cuando existe dolor en la persona, necesidades, dificultades, algunos se tornan más humanos, ayudan a formarse en la incertidumbre de la vida y la muerte para abrir una ventana a la realidad por vivir.

Por todo esto, en el tiempo que nos queda por vivir debemos tratar de ser sociales encaminados al diálogo, ello para una mejor relación que nos permita la humanización, pues la vida nos muestra claramente que la sensibilización del ser fortalece el deseo de vivir con amor y agrado.

LA VIDA Y EL TRABAJO

Hoy en día parece que el sentido de vivir de los seres humanos está sólo en el trabajo. Por ello he creído que la ilusión de cada persona es lograr una posición salarial que le brinde una buena posición social.

Una de las múltiples preocupaciones del ser humano en la vida son los logros que alcanza a través de su capacidad y formación. Es como si la persona tuviera una fijación de dependencia entre la vida y lo laboral, la ausencia de esta última genera en el ser humano tristeza, angustia y depresión.

Algunas personas ven en el trabajo la oportunidad de utilizar el tiempo dando prioridad a las labores. Entonces, pasan los días, meses y los años y, mientras más tiempo emplean en el oficio, parece que la vida es más satisfactoria. Algunos se dedican de lleno a su trabajo, olvidándose de sí mismos y sus familiares, así pasan los años y se sienten plenos, satisfechos por este modo de vida que llevan.

No quiero pensar que el ser humano sólo ha entendido la vida como el camino que lo lleva a emplear su tiempo, su cuerpo y su mente en lo laboral. Para pensar constantemente en el futuro, un futuro incierto y un futuro cuya inversión espiritual y material está puesta en su trabajo, es necesario re-plantear la forma de ver las cosas y lograr una concientización. Al respecto Freire (1975) considera que la concientización es un proceso humano que se instaura precisamente cuando la consciencia se hace reflexiva.

Es ésta una oportunidad para sentir que el trabajo dignifica al ser y el agrado que debe alcanzar, estará acompañado de responsabilidad, vida espiritual y logros, sabiendo que el tiempo dedicado a otras agradables tareas generan también motivaciones para conseguir objetivos laborales.

Las personas no pueden pensar que la vida se apaga o se acaba sin oportunidades de trabajo. Por cuanto la vida debe ser armonía reflexiva frente a las actividades que tiene el ser.

Es impactante ver, en algunos sectores sociales y algunos ejecutivos, buscando el éxito a través del resultado material del trabajo: el dinero y el poder, cuando el tiempo para gastarlo es escaso y la capacidad para mantener la empresa más importante que es la familia y el hogar es mínima.

He considerado, a través de la experiencia, que los grandes fracasos de los hijos de muchos hogares, tiene un asidero en la atención, el acompañamiento y la amistad de los padres hacia los hijos, pareciere incluso un acto de irresponsabilidad, de parte de los padres, en los resultados de aquellos hijos que no encuentran agrado por la vida.

LA VIDA Y LAS TRAGEDIAS

Cierto día escuché en la radio que una madre murió asesinada dejando cuatro hijos pequeños huérfanos. Frente a lo cual manifesté que eso era una tragedia social y familiar.

La tragedia es un acontecimiento de gran impacto que hace cambiar el rumbo a nuestras vidas, se trata de un suceso triste. Cuando la tragedia se trata de una muerte, un fracaso, o algo espantoso y difícil, el cual se tiene que vivir por alguna circunstancia de la vida, nos causa un sentimiento de dolor y afecto, pleno de contradicciones.

En el caso particular de la madre asesinada, lo relacioné con tragedia por la muerte de ese ser, y por los cuatro niños que no tendrán la oportunidad de conocer el contenido de la palabra madre, pues no podrán definir a través de los años, con conocimiento propio, el significado de la palabra mamá. No tendrán una definición soportada en la vida y la vivencia.

Algunos seres que se niegan a ser humanos provocan tragedias en la vida de otras personas. Son tragedias que con los años se alcanzan a dimensionar por sus consecuencias, tragedias que se convierten en cadena de dolor y sufrimiento.

Muchas de esas personas se preguntarán y preguntan, por qué la vida les jugó una mala pasada.

No me cabe duda que estas tragedias vienen cargadas de incógnitas, pero es precisamente aquí donde el ser debe ser, humano, reflexionar a partir de lo sucedido. Es una ocasión privilegiada, entre muchas, para mirar el sentido por la vida.

Permanecer en el tiempo de estos acontecimientos trágicos personales, familiares, sociales, se convierten normalmente en sentimientos que parecen chocar contra la vida. Al ser sucesos inesperados nos sorprenden sin compasión, por ello es necesaria la reflexión, justo en el momento que actuamos bajo la emoción. Y entonces poder sobrellevar ese estado que no acepta ni razón, ni no razón.

También podemos observar, en este recorrido por el mundo, cómo algunos seres hacen de la tragedia parte de su vida, es decir se acostumbran a convivir con ella. Necesitan vivir recordando y reviviendo un acontecimiento trágico de manera enfermiza, eso que los acompañó en su vida; el reflejo de esa tragedia la llevan en el rostro, pues se trata de tragedias que se reconstruyen y se convierten en pretextos o excusas en los procedimientos de sobrellevar la vida, olvidando que la vida requiere de mudanzas para entender que el ser humano y la vida deben renovarse por ser lo más importante. La vida debe ser vivida con agrado con o sin tragedias, enfrentando y superando sus duras realidades

Para Fromm (1999) la afirmación de la vida en la felicidad, el crecimiento y libertad propios, está arraigada en la propia capacidad de amar. Yo complementaría que esa libertad se logra cuando el ser humano perdona por esa tragedia, es en ese momento en que es superada esa situación, que se encuentra el camino del crecimiento personal y espiritual, el cual no es fácil para muchos, pero al final encuentra la paz consigo mismo y con la sociedad.

Las tragedias no son nuevas en la vida de un ser sino permanentes y son las que hacen que el sujeto se fortalezca y actúe con resistencia, son procesos obligados de vivir y por supuesto sobresale y sobrevive quien tenga la capacidad espiritual de superarla.

LA VIDA Y EL SUICIDIO

El suicidio ha sido motivo de muchas preguntas a través de los años, su materialización ha sido la forma de asombro y choques internos de muchos investigadores. El suicidio es un acto contra la existencia del mismo ser en un momento dado, bajo la acción de una decisión voluntaria, donde el ser humano pone fin a la vida.

Los seres humanos en general debemos recorrer caminos diferentes, enfrentar dilemas y desafíos de acuerdo a las circunstancias, pero normalmente nos encontramos con supuestos problemas en la vida que debilitan de alguna manera el deseo por vivir, ejemplo de ello son: la depresión, la angustia, los problemas sociales, los económicos, la muerte de seres queridos, un desengaño, la incomprensión, la soledad, etc. Éstas son algunas de esas causas.

A través de un caso de suicidio he podido identificar cuatrocientos sesenta y ocho motivos de desencanto por la vida, pero lo más interesante de esa indagación es que en medio del dolor, la angustia y la depresión, comprendo que la esencia de la vida y la felicidad consiste en querer vivir, en generar ilusiones y sentido por la vida, siendo ésta una existencia simple. Por lo tanto, se comprende que los problemas no se solucionan poniendo fin a la existencia sino enfrentándola espiritualmente.

En ocasiones los seres humanos creemos que no somos importantes, en otras ocasiones que estamos solos, y no es así. He considerado que estamos distraídos del mundo y vivimos bajo el reflejo del dolor y las dificultades que no permiten percibir que hay algo por lo cual vivir. Al respecto Frankl (1957) ve que la consciencia y la responsabilidad constituyen precisamente los dos hechos fundamentales de la existencia humana. La consciencia porque es necesario entender que la vida es la gran oportunidad para vivirla con agrado en sociedad; además, las cosas que no se logren desarrollar puede tener un sentido más profundo. Pero en rigor nadie se debería quejar de una falta de sentido de la vida; porque no necesita más que ampliar su horizonte para observar que, si nosotros gozamos de bienestar, otros viven en la penuria como lo plantea Frankl (1957: 35).

Cuando sucede un suicidio, éste ocasiona una cadena de desesperanza, desilusión, dificultades, pues el dolor de los seres queridos que permanecen en la tierra son los verdaderos afectados, a algunos de ellos los lleva al caos y a la depresión sin lograr en la vida comprender el por qué de esa decisión tomada por ese alguien tan cercano.

Por lo general la gente ve al suicidio como un mito del cual no se debe hablar, por esto es necesario fortalecer el sentido por la vida, para el goce de la misma vida en comunidad. Es necesario entender ese grafiti anónimo que dice v ida, para qué tomarla en serio si de todos modos de ella no salimos vivos.

LA VIDA Y LA OBSESIÓN

En La vida tenemos fijaciones, deseos, metas sin realizar las cuales se tornan en objetivo y sentido de vida, esto significa que el ser le da la absoluta importancia de lograr ese propósito y sólo quiere cumplirlo, cueste lo que cueste; es decir, convertir los caminos de la vida en una trocha, como un sendero de herradura[1]. Esa obsesión se tipifica cuando en la vida de una persona se quiere algo sin importar su costo, incluso olvidando su propia existencia.

Los seres humanos por naturaleza hacemos de algunos objetivos una necesidad, una obligación, una meta, así ellos nos obliguen a forzar el destino, a abandonar otros proyectos más importantes, e incluso hasta la propia

[1] Dícese de aquel camino que prácticamente se debe construir en el momento de caminarlo.

familia. He pensado que cuando el destino tiene previstas las cosas para uno, éstas llegan fácilmente sin presionarlas, por lo tanto la vida debe ser un acto de alegría, de reconocimiento y felicidad.

Las obsesiones conducen al ser humano, la mayoría de las veces, a situaciones de inseguridad, miedo y fracaso. En este último caso convierte la existencia en una vida de desilusión, en un caos mental que conduce a la pérdida de la autoestima. Lo hemos podido observar en la obsesión en el amor, que ni se ama, ni se logra ser amado. Lo expresa de otra forma Rusell (2007): los que se enfrentan a la vida con sensación de seguridad son mucho más felices que los que la afrontan con sensación de inseguridad.

Cuando las personas juegan con varias metas en la vida y digo juegan porque eso debe ser la vida, un juego como de niños que armonizan las energías del cuerpo para un balance emocional , en estos casos las obsesiones no hacen parte de la vida. Estas personas que extraen de su mente la obsesión hacen lo que pueden, sin decir con esto que se rinden o fracasan, pues antes de proponerse un objetivo, son conscientes que en la vida hay cosas que se logran y otras que requieren forzar el destino, es entonces, en este último acto, donde retornamos a la obsesión mencionada.

Si la vida es amor y alegría, ¿por qué algunos seres se complican la vida y se autogeneran tristeza a través de sus obsesiones?; he podido entender que no es la vida la que nos pone dificultades, somos nosotros quienes complicamos nuestras propias vidas.

Me parece cómico escuchar una frase popular en nuestro medio social o logro mi objetivo o no me llamo Carlos. Parece indicar que la obsesión es la forma de reconocimiento planetario o la base de la identidad social, pero también parece que es la manera de mostrar al otro que sí puedo y quiero hacerlo.

La obsesión no es más que una forma de tomar caminos adversos en la felicidad, la manera de derrochar el tiempo y la payasada ingenua de aquel que no supera situaciones externas, para lograr ser él o ella.

LA VIDA Y EL DOLOR FÍSICO

Es un hospital de Norwalk, Ct, Estados Unidos en diciembre del 2009, me encontraba en el cuarto donde estaba hospitalizada mi hermana Nelsy, quien ha soportado un tratamiento médico de 19 quimioterapias y una mastectomía, ahí leía en una cartelera con ella a mi lado que decía My Gools: No pain , que traduce mi propósito que no haya dolor. Me pregunto ¿por qué como propósito?, ¿acasopuede el ser humano controlar el dolor con sus deseos?, y, si así fuera, el dolor podría ser lo más simple de resolver, puesto que nadie quiere sentirlo.

El dolor físico es una manifestación del cuerpo humano indicando que algo anda mal, términos estos del sentido común. Mas nuestro cuerpo se hace sentir a través del dolor, de forma inteligente y perfecta, con cambios físicos. Sin embargo, el dolor físico se convierte en un estado de intolerancia, de desespero, de angustia y hasta pérdida de la razón de ser.

Muchas personas agobiadas por el dolor se cuestionan con respecto a la existencia, y otros tantos ven la vida como un despropósito y experimentan en el dolor un profundo desencanto por la vida, pues el dolor para aquellos es una molestia tan grande que les limita la calidad de vida. El dolor nos debe abrir a un camino de reflexión, para entender que la vida tiene sus altibajos en la salud. Lo cual debe contribuir a que el ser humano comprenda que no es necesario esperar el dolor para disfrutar de una cama, pues al fin y al cabo la cama con dolor no es placentera.

En muchos casos el dolor permite mudanzas en el ser, cambios necesarios para hacernos más humanos, para reconocer el amor, la esperanza, la espiritualidad, nos hace entender que esa ausencia de dolor es desperdiciada en muchas ocasiones perdiendo el agrado, la simpatía, pero ante todo la felicidad.

Es necesario que el ser aprenda que el dolor tanto del cuerpo como del alma son procesos para fortalecer de alguna manera la vida, son pasos obligados que deben ser vividos y no excluidos. Pude apreciar a un papá enterrando a su hijo, con una actitud contundente, calmada y sincera diciendo, le devuelvo mi hijo a Dios y ese dolor Dios me lo ha convertido en resignación y en una mirada real de la vida.

Es impresionante observar en las Clínicas y hospitales de Cali, valientes fortalecidos de ánimo y valor, jugándole al dolor con la distracción. Seres que comprendieron que hay dos salidas: el dolor como vencedor o el dolor como vencido.

Cada día que conversaba con mi hermana Nelsy, después de la quimioterapia, ella me decía Guillermo he asumido cada tratamiento como una distracción y cambio de oficio, realmente eso no es nada , pero yo comprendí que se trataba de una valiente que tenía propósitos en su vida y no se dejaría derrotar por la enfermedad y menos por el tratamiento. Se observaba a alguien que no sólo ama la vida, sino alguien que puede dar ejemplo frente al dolor, un sentimiento de prioridad a la vida.

LA VIDA Y EL ORGULLO

Mi madre nos recordó siempre: el orgullo permanece unos minutos más después de la muerte. Resulta indiscutible que todos los seres humanos en alguna etapa de la vida sufrimos de un mal tan espantoso como es el orgullo.

El orgullo es otra de las muchas actitudes del ser humano que le permite sentirse un ser supremo o superior a los demás. Son lapsos afortunadamente cortos, donde nos creemos pequeños dioses, son momentos provocados por el poder, el dinero, la posición social, pero ante todo porque no hemos logrado ser sensibles a las cosas simples de la vida.

Como persona, quisiera saber si existe medicamento alguno o tratamiento para el orgullo. Ese orgullo definitivamente es ese acto egoísta de negar la posibilidad de compartir y disfrutar el placer del ser humano, es también la armadura de hierro que ha imposibilitado conocer nuestras virtudes para lograr la humildad que trae consigo la capacidad de resolver con sencillez los conflictos y los problemas. El orgullo es la barrera que se crea, entre mi ser y mi esposa, mis hijos, mis padres, amigos, y todo aquel que de una u otra forma tenga que ver conmigo; esto me niega la felicidad de reírme a través de la simplicidad de la vida.

Por su causa me estoy negando la alegría, la confianza, el amor, el diálogo, el cuento y la historia. El orgullo hace al hombre un ser rígido, pues se niega la confianza de una amistad sincera, en fin, es conducirse por el camino de la soledad y de la infelicidad.

Pero pienso que el orgullo tiene varios caminos para remediarlo: el primero la actitud y el segundo el dolor. El primero, la actitud frente al orgullo es reconocer que estoy siendo orgulloso, tarea dificultosa, es cierto, mas permite reaccionar frente a los hechos y reparar las actitudes negativas.

El segundo, el dolor se convierte en un duro tratamiento para el orgullo, pues nos lleva al estado de consciencia en el cual se reconoce que también somos seres humanos y no dioses, que sufrimos para lograr la humanización. Por ejemplo, una hospitalización, la pérdida de un ser querido, la pérdida de uno de los sentidos o cuando la muerte ronda nuestro hogar.

Tarde o temprano la vida nos enseña, nos moldea y nos pone en estado de reconocimiento personal y todo esto para entender que la vida en cada ser humano tiene su agrado y compensación, de acuerdo a la forma en que actuemos, por tanto el orgullo no es necesario para el Buen Vivir.

De acuerdo a la experiencia de vida, la persona orgullosa se derrota a sí mismo, cierra puertas del medio social y se aísla de manera personal del mundo.

LA VIDA Y EL RENCOR

La vida nos da sentimientos buenos y malos los cuales son conducidos por cada persona a través de sus actuaciones hacia otros sujetos. De acuerdo a estos sentimientos los seres compensan su estabilidad emocional. El rencor es la manera de expresar la incompatibilidad hacia otro ser, pero con resentimiento, siempre recordando porque cierta persona nos hizo algo y no logramos perdonarla, todo motivado por actitudes de desagrado en sus actos. Normalmente en la vida se rechaza las actitudes antes que a las personas.

El rencor se manifiesta con acción, expresión, omisión y como humanos no logramos que nuestra forma de ser satisfaga a todos las personas que nos rodean. ¿Quién siente rencor?, el rencor es un acto de recuerdo e insatisfacción del ser, es sentido y expresado por quien ha sido objeto de un acto de desagrado. Normalmente el rencor existe porque algunos seres prefieren no olvidar, mantener en su memoria y en su corazón el recuerdo desagradable de lo que cree es motivo de desprecio o desagrado.

El rencor permanece en la persona al no poder vengar un daño o no lograr repararlo. Es admirable encontrar seres humanos en la vida que logran perdonar a quienes le han matado a su hijo o hija o le han secuestrado a un ser querido.

El rencor se convierte en una carga de recuerdos y desagrados que solo afecta a quien lo siente, es por ello una manifestación en contra de uno mismo, al punto de lograr descompensar emocionalmente hasta perder la paz interior. Es herirse uno mismo por medio del recuerdo.

El rencor, es un acto propio de los seres humanos, pero al tiempo es un arma que lo afecta a uno mismo, que desestabiliza, entorpece y, ante todo, enfrenta al ser humano contra la vida. Ese rencor también dificulta en la forma de vivir y convivir creando en muchas ocasiones una vida con dificultades, desagrado e infelicidad.

Existen caminos para despojarse de los rencores y el mejor es el perdón y el olvido, actos sencillos de los seres que logran ser humanos. Perdonar y olvidar son la forma ideal de ser humilde con uno mismo para el beneficio propio, pues el rencor que se siente y se lleva en el corazón no afecta a otro ser diferente que al que lo lleva.

La vida no debe ser construida con base en rencores, la vida debe ser una conciliación con uno mismo en busca del encuentro edificante al vivirla.

LA VIDA Y MI VIDA SIN TI

Los seres sentimos afecto especial por ciertas personas, un afecto conducido por el amor de padres, hijos, pareja, amigos, etc. Así se construyen lazos de amor, amistad y afectividad que unen, atan o amarran, al uno con el otro y los otros. Siendo estos sentimientos más o menos profundos según la relación entre actores.

Un día escuché a mi sobrino Pedro, en medio de lágrimas, preguntarle a la mamá ¿qué sería mi vida sin ti? Reflexioné sobre esa pregunta con preocupación, pues la misma preguntame la formulé cuando era un niño, porque mi madre era trasladada al hospital como paciente. La madre de Pedro le responde de bes seguir viviendo y asumir la vida con responsabilidad, quizás ésta pudo ser la misma respuesta para mí en aquella época, pero en su momento era incomprensible, aun cuando mi madre murió, era incomprensible esa respuesta.

Pero la vida sigue teniendo interrogantes, también es común esta pregunta en la relación de pareja, por cuanto los seres humanos nos apegamos y nos aferramos a otras personas, muchas veces de manera enfermiza. En otros casos se trata de sentimientos mutuos, pues esas personas hacen parte de nuestras vidas y la vida sin ellos no se concibe ni material, ni imaginariamente.

Es cierto también que el amor es la máxima y sana expresión que no obliga o ata. Si no es compromiso no debe descompensar al ser humano. Sin embargo, el amor nos hace preguntar: ¿qué sería de mi vida sin ti? Para Fromm (1999) la afirmación de la vida, felicidad, crecimiento y libertad propios, está arraigado en la propia capacidad de amar. Y en esa capacidad de amar puede existir el espacio para entender mi vida sin ti.

Pero esa pregunta rodeada de amor y ternura tiene un significado especial en el amor de madre y, en mi caso particular, mucho más cuando la vida y el todopoderoso han dado para mí la mejor madre del mundo, extraordinarios hermanos y hermanas, sobrinos geniales y una muy buena esposa e hijas maravillosas. En otros casos cuando se tienen seres maravillosos al lado y ellos se ausentan en nuestras vidas, es precisamente donde creemos que la vida nos dio la espalda o nos jugó una mala pasada. Éste es el momento donde no logramos ver un panorama claro y sólo pensamos que la vida sin ese ser no tiene sentido, que la vida deja de tener valor, que ya no es la vida anhelada y deseada, que todo llega a su fin.

La persona que ha sufrido una pérdida puede hacer de ello una reflexión para entender que la existencia es lo que construyamos cada día, lo que demos de nosotros y expresemos sin temor ni egoísmo, sin límite y sin esperar recompensas para sentir que el tiempo compartido perdura con agrado y satisfacción.

La vida en duelo no debe ser marcada de recuerdos negativos, de aquello que pudo ser, que debió ser, de lo que no se hizo o los proyectos diferidos y no realizados en la vida. Por el contario, la vida en duelo debe estar habitada únicamente de los buenos recuerdos.

LA VIDA ¿A QUÉ VINIMOS?

Frente a cada dificultad de la vida o en los acontecimientos que marcan momentos difíciles nos preguntamos ¿a qué vinimos a esta vida? No sé por qué estas preguntas no las formulamos cuando la vida es alegría o cuando hay bienestar, pues en los momentos de felicidad, al parecer, es un estado de inconsciencia que también nos domina.

Un día me preguntó un primo en un acto social: ¿a qué vinimos a esta vida? Y le respondí que la existencia debe ser alegría y felicidad, pues vinimos a realizar un aprendizaje de convivencia con los otros y a mantener una estrecha relación amigable con la tierra.

Obviamente hay momentos en la condición humana que las cosas se tornan difíciles y nos preguntamos de nuevo ¿a qué vinimos? Yo me permito recordar una realidad para tratar de responder a esta pregunta existencial.

Si, en la vida, la muerte sale

triunfante y no conocemos el día y la hora, entonces, para qué pensar en la muerte o para qué esperarla si la vida nos posibilita cambios, mudanzas humanas y espirituales en esos momentos de incertidumbre.

La mayoría de personas vinimos a la tierra al seno de una familia y con circunstancias diferentes para cada ser, ahí debemos aprender y comprender la sencillez de la existencia y la complicación que tejemos para nuestras vidas, podemos convertirnos en seres de bien o de mal, y el objetivo no es para hacer de la vida días complicados.

Por eso considero que las dificultades no deben opacar lo maravilloso de la vida. Trataré de explicarlo de forma más sencilla: los seres humanos tenemos la oportunidad, a pesar de las dificultades propias de la existencia, de escoger caminos que nos permitan vivir como niños, ese niño que olvida, perdona y no guarda rencor, que no es ambicioso, pues el niño entiende que no es necesario pergaminos para superar en la vida a los otros niños, y también sabe que el dinero y los bienes no marcan diferencias humanas, por cuanto el niño vive con facilidad, no entiende de problemas y mucho menos los busca.

Así vinimos a la tierra a escoger lo que queremos hacer, a construir una vida de alegrías o de dificultades, a entender que si el final de la vida es la muerte ¿para qué hacerla difícil?

LA VIDA Y LA AMARGURA

Cuando observo en mi vida un ser que vive con amarguras, quisiera tratar de entender y explicar el por qué de su estado. Conceptual y vivencialmente intentaré ahora definir el término amargura, no porque yo no la hubiera sentido, sino porque comprendí que la amargura es una descomposición emocional, un disgusto que lleva al ser a mantener un estado emocional triste, sin fuerzas, que en algunos casos se hace duradero en la persona.

Es común escuchar a algunas personas expresarse respecto a otras con calificativos que la describen como persona amargada, pues su actitud es de mal genio, neurótica, asocial, autocrática y en este caso la persona está sola, no tiene amistades y su vida es un tormento, tiene tantas obligaciones que no tiene tiempo para nada, el trabajo es su compromiso y también su salvación, pues cuando no está ocupada, está aislada, esto debido a que el ser que siente y transmite amargura, sin querer se deja influir en su estado anímico por este sentimiento.

La amargura es una actitud que tarde o temprano conduce a la persona a la tristeza y la depresión, muchas veces se trata de un disgusto que pone al ser humano a vivir de esos recuerdos que producen inestabilidad emocional y de convivencia. Para Fromm (2006) es el *miedo a la libertad*.

Si la amargura pone a la persona en un estado carente de alegría y felicidad, tratemos de comprender que no podemos dejar de vivir y mucho menos encerrarnos en nuestras propias actitudes negativas, creyendo que son los demás quienes nos quieren amargar los días. Lo cierto también es que nuestro rostro lo refleja, la sonrisa se apaga, la autoestima se baja, se pierde la vitalidad, la persona se opaca, no nos permite cambios físicos, ni mentales y nos lleva a nuestra propia opresión, nos enclaustramos y al final nos deprimimos complicando la existencia.

Se preguntarán cuál es la solución para combatir la amargura y, mi respuesta sería: actuar correctamente, sin rencores y adicionar acciones personales con voluntad hacia la felicidad y la actitud por un BUEN VIVIR, todo lo cual estabilizaría al ser para permitirse a sí mismo pensar con sentido; elevar la autoestima, quererse, encariñarse y buscar una vida lúdica constructiva, dar cariño sin egoísmo y recibir sin temor el amor de los demás.

LA VIDA Y LA CONFIANZA

Es importante pensar que debemos vivir teniendo confianza en los demás, confianza tanto en lo que hacemos como en lo que imaginamos, entendiendo por confianza la oportunidad de creer y sentirnos bien con lo que realizamos con convicción y seguridad que nos proporciona nuestro ser, firmes y alegres, con el sentimiento de hacer cada cosa con amor y ánimo.

Siempre le digo a las personas que quiero y aprecio, que muestren confianza y brinden confianza al hablar y actuar, bien sea en una entrevista o en una simple visita, pues esa confianza rompe barreras, se da una mejor comunicación, se mejoran las relaciones y los demás perciben, a quien tiene confianza en su actuar, como sincera. Quien tiene confianza en su vida, deja ver de sí una persona agradable, bonita, elegante. La confianza se observa incluso en el caminar y el actuar cotidiano.

Por ello la confianza es el camino

a la credibilidad, es una posición propia del ser para actuar frente a la vida. He pensado que en la vida los seres tenemos responsabilidad de mostrar el camino apropiado según nuestros criterios a nuestros seres queridos, que les permita confiar y obtener seguridad.

En la vida de cada ser es necesaria la confianza como forma de autoestima personal. Resulta simpático, pero cuando le brindo confianza a esos seres queridos, las actuaciones son las correctas y apropiadas y las personas que actúan se sienten animadas y seguras. Cuando no doy confianza a mi pareja y a mis hijos, éstos se manifiestan inseguros, nerviosos, asustadizos. En este sentido, para Quintar (1998) uno planifica su vida, planifica la vida de otros, y a veces le planifican a uno las cosas. Entonces la confianza en mención debe ser esa actitud de saber que las cosas que hago, son las que he construido con atención y cuidado.

Ahora bien, cuando pienso en la confianza que se debe tener a otras personas, considero debe ser motivo de análisis y estudio dado que las condiciones sociales actuales varían de conveniencia en conveniencia y no es una simple actitud.

LA VIDA Y LOS NERVIOS

Los nervios, como manifestación o respuesta del ser humano ante un acto, actitud, acción o forma de vida, nos ponen en apuros. Se considera normal que los seres humanos nos imaginemos los acontecimientos antes del suceso; tememos dar respuestas negativas como manifestación del nerviosismo; nos encontramos ante una situación estresante que quisiéramos se acabara en un instante, en ocasiones, son un verdadero descalabro. También nuestro cuerpo se descompone, nuestra cara y postura reflejan lo que estamos soportando, la belleza desaparece para convertirse en expresión de miedo, de pérdida o derrota. Se ha convertido en un rostro demacrado y nervioso.

Y cuando las cosas han pasado, para bien o para mal, nos damos cuenta que siempre actuamos con poca creatividad, pues solo se ven torpezas cometidas. Pasó lo que tenía que pasar y la vida debe continuar. Así esperamos que los acontecimientos no afecten nuestras vidas y realmente lo que ha sucedido es un aprendizaje más en nuestro caminar, quizá hemos perdido una buena oportunidad de mostrar nuestras virtudes y potencialidades.

Después de un episodio de crisis nerviosa nos damos cuenta que no valía la pena actuar así o estar prevenidos, pues sin duda esto repercute patológicamente en la salud. Aunque parece que algunos seres, aceptan permanecer en un estado de nervios, en estado de pánico o estado de horror. Son normalmente personas que generan temor desde su mente y ponen la imaginación a volar en contra de su paz.

Cualquier cambio que suceda en la vida, debería ser analizado con seguridad. Pero somos poco pacientes y tenemos una imaginación que requiere solo de un segundo para pensar trágicamente. Al respecto considera Freire (1970) que una vez más los hombres, desafiados por la dramaticidad de la hora actual, se proponen a sí mismos como problema.

Hoy me pregunto por qué tantas veces sentí nervios al resolver un examen, presentar una entrevista, aceptar un encuentro, tomar una decisión, pues comprendí minutos después que cada manifestación de nervios es una actitud anticipada frente a un acto, que interviene de forma negativa en las decisiones y actuaciones cotidianas. Si los nervios bloquean la mente para tomar decisiones, éstos o la acción nerviosa deben ser derrotados con carácter, entendiendo, a su vez, que todos los seres del mundo son semejantes y cuando yo siento nervios de hablar con otra persona, quizás esa misma persona sienta nervios de hablar conmigo. Si los nervios me bloquean, de alguna forma debo tratar en calma de arreglar las cosas, ya bien sea por intermedio de otro ser o de uno mismo, pero no es necesario dejar la mala imagen creada por mi nerviosismo.

LA VIDA Y LA MELANCOLÍA

La melancolía es una forma de tristeza, una tristeza profunda del corazón que al recordar algún episodio de la vida, percibimos que ese sentimiento transforma el estado anímico en algo desagradable. De otro lado el clima frío hace que la melancolía sea más intensa, contribuyendo a que el estado anímico de las personas sea opaco.

La melancolía es la consecuencia de querer revivir episodios tristes y la atadura que existe entre el ser humano y los recuerdos han marcado nuestras vidas en episodios difíciles de olvidar.

Existen formas de armonizar nuestro espíritu y de vivir con agrado para soportar las dificultades en la vida. La melancolía puede llevar a la persona a perder los objetivos y sentidos del Buen Vivir; hay quienes son tan melancólicos que sólo tristezas tienen en su corazón, pero hay quienes no soportan la melancolía en su vida y prefieren olvidar. Ese olvido es otra forma de entender que la vida, tiene alegría y trae felicidad, esto como actitud para disfrutar y evitar desvirtuar el sentido de la existencia. Recordemos a Boff (2004) cuando dice que somos águilas llamadas a volar en las alturas, pero como gallinas nos hallamos aprisionadas en un gallinero.

Los seres humanos debemos adoptar actitudes que hagan placentera la vida, buscar razones valederas para vivir, hacer agradable la estadía en la tierra considerando que lo que nos sucede en la vida, no es necesario convertirlo en recuerdos melancólicos, sino en caminos recorridos, en experiencias, entendiendo éstas como algo que hemos aprendido para la vida, necesarios en la formación de la condición humana.

La melancolía distrae al ser humano en su recorrido, evitando que pueda observar y vivir otros episodios significativos. La melancolía es una atadura sentimental que convierte a la persona en esclavo de sus propios sentimientos.

LA VIDA Y LA IMPULSIVIDAD

Un impulso puede ser una acción descontrolada o una emoción manifiesta de un ser humano, es decir normalmente no se actúa con razón. En algunos casos la impulsividad por coincidencia lleva a efectos positivos, pero normalmente nos conduce a cometer errores. Se trata de acciones del ser humano realizadas bajo el instinto.

No es fácil contener la impulsividad frente a un disgusto o frente el efecto de la palabra. Hoy, ante la rapidez con que hacemos las cosas, reaccionamos impulsivamente con ofensas, desprecio; gestos y actos hirientes que utilizamos y se convierten en manifestaciones que descomponen emocionalmente a los seres que nos rodean llegando muchas veces a la acción violenta con consecuencias funestas, luego viene el arrepentimiento y nada hay que hacer.

Ante todo, y a pesar de creer que tenemos la razón o de justificar los actos, esa impulsividad origina descontrol emocional en quien actúa bajo este efecto; es decir, es una especie de boomerang, pues seguido al impulso viene la reflexión y el reconocimiento del error cometido.

Cada vez que ofendo a un ser humano, bajo el efecto de la impulsividad, quisiera tener otro impulso para decirle por igual que acepte mis disculpas, pero el orgullo me persuade de no hacerlo, dándome la razón. Es en este momento donde debo llenarme de valentía y como el niño sincero por naturaleza, sin rencores y sin odio, debo decir espontáneamente me perdona, para así luego divertirme en el camino de la vida recordando el sinsentido de algunas estupideces. Debemos recordar que cuando herimos con las palabras, queda una enorme cicatriz en la persona que ofendemos y por mucho que quiera perdonar, esa cicatriz se nota.

Cada vez que debo presentar disculpas por no controlar la impulsividad, se sonrojan mis mejillas y me digo a mí mismo como en la escuela: aprenda a controlar los impulsos que con ellos solo logra ofender. Esto lo repito cada día. Para Boff (2004) solamente el amor y el perdón restablecen la armonía en medio de una creación rota. El amor representa el sentido profundo de la vida.

Esta situación de impulsividad es común en la relación de pareja, pues amamos pero irrespetamos, quizá en esa relación familiar sea frecuente porque creemos que nos toleren, pero en algún momento concluimos que ha sido un gran error de procedimiento.

Es allí donde precisamente debemos pensar o al menos tratar de pensar con tolerancia, vencer la agresividad, sobreponerse al temperamento, tratar de ver nuestras actuaciones o al menos tener la capacidad de reflexionar y comprender que el diálogo es la caja de herramientas para el entendimiento. Por ello precisamos desbaratar cada acto impulsivo a través del diálogo y arrepentimiento real que puede ser ofensivo en la vida personal y colectiva.

LA VIDA Y LA PÉRDIDA DE CONTROL

Dicen bien que cada día trae su afán, así en la vida un día más es un día menos, por eso la estabilidad emocional es fundamental para vivir en equilibrio; es necesario controlar las actuaciones haciendo lo que nos agrade, ya que perder el control es ver como un ser humano extravía su rumbo, su personalidad, su actitud, su postura, pero ante todo es observar cómo ese ser se aleja de la parte humana.

Perder el control es perder la

mirada sobre la realidad, también es vivir algo salido de lo normal y responder de manera hiriente u ofensiva, como mecanismo de defensa de la situación dada, diferente este concepto a la impulsividad, que como su nombre indica son impulsos en la actuación del ser.

Consiste en extraer la acumulación de recuerdos o desahogarse como consecuencia de la ausencia de diálogo, por ello el ser humano explota en sentimientos y se llena el vaso. Los resultados son claros: el ser humano siente que no es él, que ha actuado en condiciones anormales y las posibles ofensas, por la pérdida de control, se convierte en doble sentimiento; en la persona que soporta el acto y el sentimiento que es culpabilidad de quien ha perdido el control. Debo ser claro en considerar que perder el control, puede ser una acción evitable.

Esa pérdida de control genera, en los seres que rodean al actor, un ambiente de temor hacia quien actúa así, produciendo incomprensión, miedo, resquemor de las personas que conviven en el medio. La pérdida de control puede con mucha facilidad llevar a las otras personas a perder el control también y generar conflictos laborales, familiares, sociales, religiosos, etc.

LA VIDA Y LA RECRIMINACIÓN

Recriminar es un comportamiento común para expresar que el acto desarrollado no fue satisfactorio para el observador. También la recriminación es la manera de reprochar un acontecimiento, pero ese reproche es la forma repetitiva, quizá sarcástica, de recordar al otro que debe llevar la carga permanente de ese acto como si hiciera parte de nuestra vida. Pero también se puede recriminar por error, a la pareja, al empleado, a los padres u otros seres.

Pienso que la recriminación es una forma psicológica de mantener a otra persona bajo el efecto de una culpa, para dominarlo a través de la palabra. Es una expresión social y humana con doble efecto: uno, de hacerle creer a la otra persona que ha realizado una mala acción, es decir, hacerlo ver como un ser inútil. Dos, es hacerle ver a la otra persona que he notado y visto que ese acto no satisface mi gusto y por lo tanto está mal.

Pero la realidad es otra. La recriminación puede convertirse en un obstáculo de diálogo, de amor, de comprensión y, ante todo, de perdón. En estas condiciones, la recriminación no es más que la forma de hacer más difícil el paso por la vida de la persona a quien recrimino, además, es crear barrera entre los seres, es hacer eternos los momentos tristes y que el ser a quien recriminamos se sienta como una persona in-servicial.

Por eso la recriminación no debe ser la oportunidad para hacer sentir mal al otro, debe ser una ocasión para perdonar, para enseñar, para corregir y construir una relación; debe ser un episodio de la vida para aprender a reconocer los errores y equivocaciones, mas si perdonamos, también debemos olvidar lo sucedido. Una vida de recriminación es una vida centrada en distracciones, por tratarse de una fijación en algo que hace perder nuestros horizontes y metas.

Mientras la vida continúa su rumbo, es posible que la reacción para comprender la recriminación sea tardía, en tanto la vida haya pasado puede suceder que el pensar en la recriminación, inconscientemente se pierde de cosas maravillosas de la vida: de un simple pero valiosísimo abrazo, de un maravilloso beso o una expresión de ternura.

Existen parejas que rompen el diálogo y la conversación por días, semanas, meses, años y hasta se separan debido a la permanente recriminación, a esa actitud egoísta del mismo ser que sólo permanece en el orgullo y la prepotencia.

LA VIDA Y LA CONFUSIÓN

¿Qué nos confunde en la vida? Nos puede confundir pensar que realmente estamos confundidos, pues la confusión es sentir que la orientación de nuestras vidas no es la correcta, por eso muchas veces los seres pensamos estar confundidos, otras veces ni siquiera nos damos cuenta de ese estado, y otras, nos dejamos confundir por los demás.

La confusión es un estado que impide al ser humano sentir, vivir y disfrutar la vida. Y sus efectos, infortunadamente en muchos momentos, nos conducen a tomar decisiones erradas.

Está confundido quien teme expresar sus sentimientos y amor a otra persona; está confundido quien por temor o pena no puede manifestar cariño; pero mucho más confundido es aquel que olvida el amor como camino que conduce al sentido por la vida, pues para Fromm (1999: 29) *El amor es un poder activo en el hombre; un poder que atraviesa las barreras que separan al hombre de sus semejantes y lo une a los demás; el amor lo capacita para superar su sentimiento de aislamiento y separativa, y no obstante le permite ser el mismo, mantener su integridad.*

En este escrito que trata la confusión del ser humano, le recomiendo recurrir a la oración de San Francisco de Asís que reza: es dando como recibo, pues pienso que estamos confundidos cuando interpretamos que damos y esperamos recibir, debemostener claro que cuando damos, nuestro corazón recibe automáticamente la satisfacción y la felicidad de haber dado. Ser felices cuando vemos que los otros son felices, de allí que personalmente crea que estar confundido es estar en un estado que no logra acertar, de no tener la seguridad de algo, pues se puede dudar al tomar una decisión para no herir a alguien, o dejar de hacer algo para no perjudicar a otro.

La confusión conlleva al ser a un estado donde no logra reconocerse como sujeto y sus acciones y actuaciones lo confrontan consigo mismo, hasta no lograr estabilidad espiritual y emocional. Cada vez que yo me confundo en mis actos, me relaciono con un disco[2] rayado de 33 revoluciones por minuto, ni suena ni avanza.

LA VIDA Y EL ERROR

En una conferencia que realicé en algún lugar de Colombia, una mujer del público se me acercó y manifestó: mi vida es un error, a lo cual le pregunté: ¿por qué un error? Entonces dijo: t odo me sale mal, nada es bueno en mi vida, me pasa lo peor y cada decisión que tomo se convierte en un fracaso en mi vida. Desde muy niña he concluído que vivir sigue siendo un error.

Cuando partí para mi casa me pregunté: ¿qué es un error en la vida?,

---

2. Disco es un elemento con características similares a un Cd que almacena música.

o ¿qué es la vida como error? Pienso que un error es tomar la vida en serio; es creer que algunas cosas, que no salen como las planeamos, se convierten en fallo; es no sacar provecho de aquellas circunstancias difíciles, pero ante todo es prefigurar en nuestra mente la palabra error.

Hoy le digo a quienes me escuchan, que la palabra error no debe figurar en el diccionario de los humanos, pues cuando trato de hacer algo y no lo logro, me queda la satisfacción de haberlo intentado, seguido del análisis de por qué no se logró, para entonces extraer algo bueno de ello.

Considerar que la vida es un error es aceptar que mi autoestima está ausente de los alicientes para vivir, es también fijar la mirada siempre en aquellas cosas que inconscientemente he programado con mi mente para que no se den, y dimensionar extravagantemente esaspequeñas cosas que no logro hacer. En ocasiones los errores se pueden convertir en fortalezas y esto se logra en el momento que el ser humano tenga consciencia para analizarlo.

He pensado toda mi vida que mis logros dependen de lo que he programado en mi mente y cómo lo haya programado. Esto quiere decir que la mente es tan poderosa que la utilizo para lograr o no lograr las cosas en la vida.

Las personas positivas logran reírse de ellos mismos al no lograr algo, hasta se burlan y lo recuerdan con risotadas. Quizá esto suceda porque las personas positivas no lo ven como errores, pues para ellos la vida es el bien supremo, es el vivir cada momento con agrado y especial interés.

LA VIDA Y EL ENOJO

Cuando se habla que la educación de los niños inicia en la educación de las abuelas, sonrío y me da alegría. Por ello evocaré una frase común de ellas, las abuelas: el enojo tiene doble trabajo: enojarse y reconciliarse. Para este caso diría que en la combinación explosiva con el orgullo, el enojo se convierte en odio y rencor.

Los seres vivimos estados y episodios de vida, en ocasiones producto del afán y la zozobra, donde consideramos que los actos de las demás personas son actos desagradables en nuestra convicción, por lo tanto, juzgamos bajo el efecto de la emoción con una actitud de desprecio o mediante una manifestación física expresada en grito a la indiferencia. También nos enoja algún tipo de expresión verbal o acto, por eso nos enojamos cuando los seres más cercanos no actúan como quisiéramos; es decir, el enojo debería estar enmarcado entre el comportamiento personal de un ser que bordea la intolerancia, pero el enojo hace parte de la condición humana ya que también se enoja el sacerdote, el hindú, el cristiano, el musulmán, la madre, el padre, el hijo y hasta Jesucristo, dicen las Escrituras, se enojó en el templo con los mercaderes.

El enojo tiene un efecto una vez sucedido y es sentir tristeza y descompensación emocional, aunque se trate de una forma de desahogo pero también es la forma de hacerte sentir mal, muchas veces, quizás, por sólo tonterías.

El enojo es una actitud que, bajo la reflexión, podría ser un camino terapéutico para evitarlo a partir de entender la actuación de los demás, entender la forma en que piensan los otros y hasta aprender a pensar como piensan otros seres que conviven o laboran con uno.

Si lográramos retener el estado paciente por unos instantes antes del enojo, podríamos imaginar esa acción al contrario, es decir provocada por mí y soportada por otro, esto sería la respuesta a una forma de actuar y pensar y la manera de tomar posición tranquila frente a hechos.

Este tipo de ejercicio contribuye a formarme como persona y por derecho permite observar mi propia actuación, para así espiritualmente entender que la vida requiere de mudanzas, de cambios de actitud, pues más puede un ser humano con el amor, que con el enojo.

Por lo tanto cuando esté enojado, es necesario enojarse solo hasta lograr la calma, es importante alejarse de aquello que lo provoca, para así analizar con calma y prudencia lo sucedido y lograr tomar decisiones acertadas.

LA VIDA Y LA AUTOESTIMA

Los seres humanos somos autónomos y responsables de nuestro estado anímico. La autoestima podría compararse con un regulador o estabilizador de la alegría personal del ser. La autoestima tiene una condición especial y es que puede ser regulada por la misma persona o puede ser una acción ejercida por otra persona a través de la expresión corporal, los gestos, la ternura y la palabra.

Suele suceder con mucha frecuencia y, especialmente en la relación de pareja, que la autoestima tenga un enemigo, la rutina, en tanto las personas se acostumbran poco a poco a vivir de forma rutinaria; es decir, ya no hace falta esa expresión maravillosa que logra la mejor de las sonrisas y que hace sentir importante la vida de otras personas.

Existe también otro enemigo de la autoestima y es la soledad, que hace que la persona crea que no necesita auto animarse, auto valorarse, auto apreciarse, y hasta auto amarse. La combinación nociva de rutina y soledad hace consciente o inconscientemente considerar que la vida no necesita de eso que nos asombra y nos maravilla, como es el efecto de la palabra.

La autoestima es la especie de combustible del amor, de la felicidad. Es común encontrar personas que llegan a la infelicidad o hacen de su pareja un ser infeliz por la incapacidad o egoísmo de manifestar a la otra una simple frase, o un te quiero.

También es habitual encontrar personas deprimidas y angustiadas en grandes palacios o en maravillosos apartamentos. Esto por cuanto los seres humanos tratamos de justificar nuestros actos, y la manera simple de hacerlo es tratar de reemplazar el amor con cosas materiales. Así, algunas personas prefieren regalar carros que dar un fuerte abrazo, regalar joyas que manifestar una expresión sincera de afecto.

La vida ha proporcionado a los seres humanos la capacidad de entender y razonar que los detalles valen más que el oro, por ello la autoestima consiste en expresar y sentir, siendo también la capacidad de manifestar con sinceridad el pequeño detalle, el decir y expresar cosas buenas de la otra persona, de su vestuario, de su forma de ser y actuar. Es por esto que la autoestima no es la forma de soñar, es la manera de sentir y vivir la vida de forma diferente, pero antes que nada valorando lo que los demás hacen y lo que yo hago.

La autoestima propone no esconderse; buscar una compañía agradable; hacer lo que le gusta; conversar y departir con alguien que lo valore;aprender a aceptar lo importante que puede ser cada uno para los demás; sentir que la vida necesita de esa fuerza externa e interna para gozar y lograr sobreponerse a las vicisitudes que trae cada día.

LA VIDA Y LA ACTITUD TEMPERAMENTAL

El temperamento fuerte, algunas veces, es causante de grandes debates violentos. Causa separaciones y se puede convertir en una daga que destruye el amor, porque genera miedo e infunde temor. El temperamental no se sabe nunca como va a actuar, es una verdadera incertidumbre.

La forma temperamental no es sólo actitud, es una forma de actuar. Actúa con reacciones inesperadas, bruscas, fuertes, destructivas y desencantadoras. La persona temperamental es temida y también odiada, es una persona marginada socialmente.

Las personas temperamentales son de carácter explosivo, normalmente crean presión en los seres con quienes convive, su temperamento no le permite lograr lo buscado y mucho menos el respeto de los demás. En la construcción de procesos de convivencia estas personas son vistas con desagrado, antipatía y son seres que rompen o interrumpen los caminos al diálogo, por su forma de ser y actuar.

No cabe duda que el amor lleva al ser humano a estados donde logra controlar el temperamento fuerte, hasta realizar gestos y manifestaciones pacíficas y humanas que permiten el diálogo.

El temperamento fuerte como carácter conduce, a quien lo tiene, a la pérdida de control y esto genera en esa persona remordimientos continuos, al mismo tiempo presiona de una forma incontrolable a quienes lo rodean y la mayoría de las ocasiones conlleva a enfrentamientos desagradables que, al final, termina esa persona abandonada y sola.

Los hijos y las parejas que conviven con personas de temperamento fuerte, en múltiples ocasiones, heredan este comportamiento; como medio de defensa, generalmente, prefieren la soledad y no logran compartir y convivir con afecto y cariño.

Si una persona es temperamental, debe buscar, a través de la paciencia y la serenidad, el propósito de superar esta actitud, debe procurar observarse a sí mismo para lograr correctivos de agrado personal y social; debe, a través de la humildad espiritual, comprender que ese temperamento fuerte solo destruye relaciones.

LA VIDA Y LA AFECTIVIDAD

Pienso que la afectividad es una expresión tan valiosa en un ser humano, porque brota con amor y espontaneidad sincera del corazón, para hacer sentir en otros seres alegría. Es la fórmula mágica que hace que quien la exprese entienda de forma simple el poder del amor y la felicidad. También es la fuerza maravillosa del poder de la palabra, la libertad de una mente capaz de expresar sus sentimientos.

La afectividad puede ser una virtud de quienes aman, de quienes tienen la capacidad de entender que son seres humanos, de quienes han logrado la liberación del temor y la pena. Por eso la afectividad es inocente y tierna. Con ella se irradia la alegría contenida en el corazón para hacer sentir y sentir afecto sincero.

Existen muchísimas formas de dar afecto, pero es importante reconocer que existe un camino fácil para hacerlo: el ser humano debe darse afecto a sí mismo para lograr el reconocimiento de la grandeza y poder que ese afecto tiene en los seres humanos. Algunas personas piensan que el poder del afecto se manifiesta en la forma de adquirir energía potenciadora, que al mismo tiempo potencia el deseo por vivir.

La vida sin afecto carecería de un

factor vital, se convertiría en un vacío. Creo que con la presencia de afecto, nuestra vida logra la fuerza para establecer relación entre el mundo y el ser humano; quien no conoce el afecto quizás no necesite del él, pero quien conociéndolo viva ausente de afectividad es también candidato a vivir acompañado de soledad, de angustia o depresión.

La afectividad, la siento yo con agrado y emoción cuando les manifiesto a mis hijas y ellas, actuando como un espejo, reflejan el mismo y algo más de esa afectividad, acompañado de ternura, de inocencia, de alegría y placer.

En nuestra crianza nos enseñaron la afectividad con cierto resquemor, dado que crecimos en una sociedad machista; poco a poco comprendimos que esa afectividad abría corazones, sensibilizaba a la gente y alegraba a quienes la compartían. Por esto hoy consideramos que se pueden descubrir cosas hermosas cuando se tiene la capacidad de dar y recibir afecto, el amor tiene un gran soporte en la afectividad.

LA VIDA Y LAS ENFERMEDADES

En el hospital de Norwalk, Estados Unidos, escuché una historia conmovedora. Ese relato me hizo sentir que verdaderamente no nos damos cuenta de las cosas maravillosas que poseemos, pues nos distraemos en el mundo paradójicamente buscando dificultades.

Son dos hermanas, una de ellas me narró la siguiente historia: se trata de una dama de 21 años que fue tratada de cáncer de colon con metástasis en hígado y el pulmón. Ella, después de múltiples tratamientos y quimioterapias, hoy logra contarme una segunda historia de cuando su hermana de dos años de edad se le descubre leucemia. El tratamiento médico duró hasta que ella alcanzó los 17 años y siendo una bebé de tres años le decía a su mamá que no olvidara llevarla al hospital y cuando ingresaba al centro hospitalario se alegraba de ver a sus amiguitos. Esa historia sin detalles me hizo llorar desconsoladamente, mis ojos expresaron con lágrimas lo que yo no podía decir con palabras. Pensé en esa personita indefensa de tan solo dos años, quien veía en el tratamiento algo común y rutinario, sin saber que era necesario todo esto para mantenerla viva.

Es necesario conocer estas historias para comprender y hacer comprender a otros que la enfermedad es una lección que guarda un sentido y es que los seres humanos tardamos en ver u observar el valor de lo que poseemos, y, en ocasiones, no valoramos ni la vida ni a los seres que están alrededor nuestro.

Considero que quienes padecen de enfermedades graves o crónicas, desarrollan sus capacidades con mayor éxito, frente aquellos que no la sufrimos. La enfermedad, sin llegar a decir que es un estado maravilloso, porque no lo es, puede ser una forma de ver que la vida y sus dificultades no deben conducir al ser hasta el desespero de ansiar dar por terminado una existencia. Lo mejor es que ésta puede ser la ruta de esperanza, anhelo, confianza, ilusión para superar el estado de crisis físico y emocional.

Personalmente viví la enfermedad terminal de mi madre, cada día me dejaba recuperar la esperanza, la fe en Dios y la sonrisa de mi sobrino Sebastián, que con su inocencia de un bebé de 8 meses, ignoraba lo que sucedía; también mis sobrinos y mi familia, se trataba de una ayuda espiritual generalizada.

Cada alimento consumido por ella era motivo de felicidad, cada sonrisa de mi madre era motivo para pensar en la sanación. De otro lado sus once hijos percibimos que esta enfermedad se convertía en caminos de unión y orgullo al ver una madre valiente y amorosa. Lo que veíamos o vivenciábamos nos mostraba a un ser que no se daba por vencida y que siempre dio más de lo que tenía, una persona que nos dejó maravillosos recuerdos y alegrías. Fue entonces cuando consideramos que la enfermedad de un ser puede transformarse en alimento espiritual de vida.

Por lo anterior, la enfermedad no puede ser una derrota, debe ser un gran laboratorio para entender, de manera simple, la vida; debe ser la forma de replantear nuestra forma de vivirla y relacionarnos con los otros seres y la tierra. Por esto si estás enfermo, aprovecha en pensar lo lindo que te ha dado la vida antes de la enfermedad, recuerda lo mucho que te falta por hacer, soporta la enfermedad con tranquilidad pero con positivismo. Pero si el enfermo es una persona cercana a ti consiéntela, ayúdala, hazla sentir importante, dale esperanza, amor y comparte tu tiempo con ella.

LA VIDA Y EL TENERLO TODO

Tenerlo todo tiene ventajas en la vida, normalmente las mamás y los papás tratamos de proporcionar a los hijos todo aquello que no tuvimos de niños, para evitar que sufran por la ausencia de las cosas que nosotros carecimos. Quizás se trate de una actitud mecánica de los padres, quizás pensemos que los momentos vividos con ausencias de muchas comodidades o dificultades hayan sido duros episodios de vida.

Antes de continuar debo conceptuar la expresión t enerlo todo: al tener papá y mamá se tenga padres cariñosos, afectivos, padres que tengan tiempo para escuchar, para amar, para jugar, para divertirse; al tener mamá y papá se tenga la oportunidad y ocasión de sentir su abrazo, compartir un alimento, reír y llorar. Una madre y un padre con amor sincero, una madre y padre que entienda la amistad en todo sentido.

Tenerlo todo es tener una familia y no sólo un buen playstation 3, tenerlo todo tampoco es crear en la mente de los hijos la necesidad de distracción a través de los juegos, de las cosas materiales, del dinero, de lujos; es aprovechar, disfrutar y sacar el máximo valor a las pocas o muchas cosas que se tengan; tenerlo todo es enseñarle a los seres queridos que todo lo que tengo, es todo lo que yo necesito. No trato de decir con esto que es necesario enseñarles a ser conformistas, no, se trata de enseñarles que muchas veces por pensar en lo que no tenemos, tampoco disfrutamos lo que tenemos.

Tenerlo todo es la forma práctica e inteligente de enseñar a ver y aprender a vivir con agrado cada cosa, también es disfrutar los logros y aprender de los no logros, es apreciar con fascinación el valor real y sentimental de las cosas humanas, lo que nos alimenta el corazón, aquello que nos llena de ánimo y ternura.

Finalmente, tenerlo todo es saber que la mejor inversión que puede hacer un hombre para su vejez es ser un buen esposo, un buen padre y viceversa. Tenerlo todo es saber que ama y es amado, para qué quiero un buen auto si no tengo a mis seres queridos que me apoyen con una simple pero valiosa frase de afecto.

LA VIDA Y LA HONESTIDAD

Hoy observaba una adolescente con lágrimas en sus ojos, triste y deprimida en una estación de bus. Me le acerqué y le pregunté qué le pasaba. Ella me respondió: ¡mi novio no es honesto! Le consulté por qué y, ella me dijo, sólo sabe mentir y justo en el momento que más lo amo. Posteriormente reflexioné y me dije: ¿es la honestidad cuestión de ética?, ¿de formación?, ¿otro papel de la escuela? La honestidad es una forma de actuar de cada ser humano que involucra el comportamiento de la persona con su formación personal y ética, que al mismo tiempo permite una actuación hacia los demás con respeto, sinceridad, afecto, comprensión y, ante todo, lealtad.

Honestidad no es sólo decir la verdad, es actuar con la verdad para satisfacción propia, y además es manifestar el sentimiento como es, no como la otra persona quiera que sea; debe ser una expresión propia de cada humano salida de su corazón expresando quién es y qué siente.

En algunos momentos actuamos con sentimientos de culpa, porque nos hacen creer que al ser honestos, herimos los sentimientos de otras personas; que decir la verdad puede deteriorar y destruir nuestras relaciones, pero la honestidad es la herramienta para mejorar nuestra relación afectiva de familia, de pareja, de trabajo, con la sociedad y, especialmente, con uno mismo.

La honestidad permite al ser humano ser uno mismo, sentirse tranquilo, en calma y en paz, muestra que quien actúa lo hace bajo la acción de la limpieza espiritual, la persona que lo manifiesta goza de tranquilidad interna. Además la ausencia de honestidad nos hace tener una carga interna que nos llena de preocupaciones, la honestidad en la vida provee de felicidad y alegría.

La ausencia de honestidad es tan dañina que logra que uno sea desagradable para otras personas; desestabiliza a la pareja hasta llevarla al llanto; le propicia dolor y desagrado a esa persona.

He pensado también que quien sufra un acto de deshonestidad por parte de otra persona, debe buscar su tranquilidad a través de la alegría espiritual, serenidad y reflexión de no caer en la deshonestidad, ello para no entrar en sufrimiento, esto es, mostrar que no soy yo quien actúa con deshonestidad, que mis procedimientos son actos sinceros como procesos en los caminos de la vida.

La actuación deshonesta de otras personas no debe ser un motivo para destruir y desarmonizar las energías. En estos momentos la emoción actúa primero que la razón, y como seres debemos vivir múltiples vicisitudes, como la deshonestidad, que de una u otra forma no son sencillas, pero de alguna forma tenemos que superarlas, y esa superación debe ser con la responsabilidad de cada ser humano de mantener su respeto a la vida y por la vida.

LA VIDA Y LA ADICCIÓN AL AMOR

El amor es una armonización espiritual que realiza el ser humano para sentirse libre en el mundo, con agrado, sentimiento y felicidad; es un afecto que responsabiliza a la persona consigo mismo y con los seres que comparten la tierra. Me amo cuando sonrío, cuando soy feliz, cuando soy libre, cuando comprendo que el mundo me pertenece y lo comparto con alegría con otros, cuando asumo dilemas y desafíos de la vida de manera simple o cuando comprendo que es más fácil que yo cambie mi actitud, a que otras personas lo hagan. Me amo cuando disfruto las dificultades de la vida, cuando ayudo a los demás y entiendo que amar no va ligado a las cosas materiales de la vida. Todo porque el amor es lo simple que yo haga cada día en mi forma de convivir.

Existe una condición inadecuada en el amor y es la adicción, esta condición se materializa cuando convertimos una relación en compromiso, cuando consideramos que la vida es posible únicamente al lado de otra persona, cuando convertimos el amor en sufrimiento. La adicción hace que los seres humanos actuemos como un tren de carga que en cada vagón van muchísimos recuerdos. De tal suerte que la adicción enferma, produce inestabilidad, inquietud, incertidumbre y sobre todo celos; esa adicción por la persona que se ama genera un amor enfermizo, cortándole las alas al verdadero amor, el cual debe ser libre, espontaneo; sentir la necesidad del otro pero sin coacción, sin imposición, sabiendo que amo y soy correspondido, en el verdadero amor no se desconfía.

La adicción en el amor es un

auténtico problema para algunas personas. La dependencia en el amor produce desconfianza, inestabilidad, desasosiego, tristeza, angustia y pienso que quien convierte al amor en adicción, no logra amar y no percibe la grandeza de la libertad.

La adicción al amor se convierte en una condición social peligrosa para quien está envuelto en ella, ya que es un camino afín al de la droga y el alcoholismo, que conduce a abismos y callejones sin salida. Se trata de procesos equivocados, enloquecedores, de tensión y desprecios, es un camino que genera desencantos por vivir y amar.

Los seres humanos debemos actuar bajo algunas premisas y es que la felicidad mía y la felicidad de quienes comparten conmigo, sea correspondida y mutua, que el amor sea infinito; mas el amor no es esclavitud, no es tensión, es confianza plena, es entrega total, se vive el uno para el otro pero de manera libre. Existe una gran diferencia entre quien ama sometiendo a otra persona y quien ama con libertad, esa diferencia es la felicidad.

En el mundo, la adicción al amor enloquece, entorpece, desespera, imposibilita y hace perder el sentido de la vida a las personas; las distrae, les hace pensar y creer que no hay más caminos que tomar, pero como todo, la adicción tiene su remedio o una contra y es la autoestima, es la manera para seguir amando y riendo como debemos estar en el mundo.

LA VIDA Y LAS DOLENCIAS FÍSICAS

La vida en su armonía y placer hace agradable los días a los seres humanos. Todos queremos vivir una vida sin dificultades y sin tropiezos. Pienso que cuando en la vida de una persona hay dolencias físicas, la persona pierde el ánimo, la alegría y dejan de llevar una vida común. Con satisfacción he visto en pocas ocasiones el caso contrario, que, a pesar de las dolencias, siguen llevando una vida normal.

Cuando pienso en las dolencias físicas, parece que automáticamente viene a la mente una cama, pero cuando pienso en esa cama recuerdo una frase común la cama o un lugar de descanso es un sitio placentero cuando estamos aliviados y sin dolor físico.

Quien padece alguna dolencia, ausencia de un órgano o malformaciones físicas, está anhelando y buscando un bienestar, que, en la mayoría de la población, no se valora o no se aprecia hasta tanto no ocurre esa dolencia. De aquí que parte con un comentario interesante y es que alguna gente pasa gran parte de su tiempo lamentándose o quejándose a pesar de no tener dolencias.

De otro lado considero que cuando alguna dolencia físicao enfermedad ataca a una persona es el principio o inicio de una reflexión, encaminada a valorar y apreciar la salud y la vida, a entender que la salud es un bien supremo de cada persona.

Las dolencias físicas nos llevan a pensar sobre la parábola de q uienes tuvieron ojos y no vieron. Quizá, la persona que adquiere una dolencia física tenga mayor oportunidad de reflexionar y actuar espiritualmente, con miras a lograr la sanación.

En un aeropuerto observé a una mujer joven, bonita y llamativa, de tez trigueña y una sonrisa elegante y fina. De por sí he pensado que las personas alegres son bonitas y gozan de estabilidad emocional, mas esta dama solo necesitaba un ojo para enseñarnos que la felicidad no estaba en lo que tenía o le faltaba; que la felicidad era el sentimiento de hoy, la emoción de lo que se hace, el doble placer de disfrutar la vista del ojo que permite ver el amanecer, el atardecer, de leer; el ojo que ilumina la vida.

En un diálogo con Pedro, un niño de siete años en el viaducto de Pereira, él me decía: t ío si la gente tiene dolores, es lógico que se lance al abismo. Yo comprendí en ese momento que la vida no es vivirla con lógica o con la razón. Como dice

Darío Botero (2002) en el *vitalismo cósmico*: es la combinación de la razón y la no razón.

En la vida debemos romper esquemas para que nos enriquezcan, por ello no podemos pensar que las dolencias físicas sean sólo un camino hacia la muerte. No, la dolencia física es la oportunidad de reconocer que aún estamos vivos. Tanto el sufrimiento como el dolor son vías a mi propio amor, por lo tanto la dolencia física debe convertirse en una etapa de la vida que debe vivir cada ser humano, para abrir su corazón a una vida nueva. La dolencia física debe ser la oportunidad para hacer mudanzas y liberar la mente al camino de la resistencia espiritual, del agrado por vivir con fuerza y superar las encrucijadas para hacerlas ver como ejemplo de vida.

LA VIDA, CONSTRUCCIÓN DE ILUSIONES

La vida (con agrado) trae consigo

un soporte que permite emocionalmente un recorrido, el cual se podría considerar que es la estructura fundamental de la misma vida, me refiero a las ilusiones. Éstas son construidas en el proceso vivencial de todo ser humano, ilusiones que armonizan emocionalmente a la persona; también las ilusiones son la actividad de toda la máquina de los propósitos a realizar, propio de la condición humana para encontrar el sentido de la vida. Cuando hablo de la posibilidad de encontrar sentido de la vida me refiero a que esas ilusiones se constituyen en metas por cumplir de acuerdo a lo deseado por cada humano.

Las ilusiones, producto de la mente del sujeto, proporcionan capacidad de analizar, gestionar y realizar propósitos, enfrentar obstáculos hasta llegar a esas intenciones que eran ilusiones. La ausencia de ilusiones se asemeja al encuentro consigo mismo sin un horizonte determinado.

Es indiscutible que el ser humano, bajo la razón, debe encontrar espacios y ambientes armonizados para así hallar motivos que le hagan agradable el existir humano, y esos motivos deben ser la oscilación entre las cosas agradables para el sujeto, las ocasiones que proporcionan un mundo social y la capacidad de inventarse o provocar ilusiones.

Vivir puede ser simple o complejo, todo depende de la forma de ver la vida y la manera de construir y ejecutar ilusiones. En la medida que algunaspersonas parten de este mundo, así se van yendo nuestros apegos; las personas que no quieren la vida, también han carecido de ilusiones, su vida se convierte en rutina y pasividad.

He aquí la importancia de una ruptura existencial, de una ruptura de conocimientos que nos permita comprender o, al menos, ver que ese mundo que he soñado, ese mundo que quiero construir no debe ser el único camino de la vida. En ocasiones forzamos nuestra condición de vida creyendo ciegamente que es el único camino a la felicidad y a nuestro existir. Es propio de cada ser humano v ivir bajo las condiciones de las ilusiones, soñar un mundo cargado de fantasías, en procura del hallazgo de una vida plena.

La ilusión de construir un mundo propio o lograr un objetivo es darle fuerza a la existencia con miras a comprender que en la vida todo es posible, que las ilusiones pueden dejar de ser ilusiones en la manera que se teja con sutileza y amor cada plan, que se puede sobreponer a obstáculos con la fuerza del amor.

La ausencia de ilusiones nos puede aproximar al cansancio por la vida, nos conduce a una vida vista desde la teoría, como una convicción religiosa, social y familiar cuyo objetivo es vivirla hasta que Dios lo permita. Hay casos en que la concepción del mundo se reduce a un espacio milimétrico, por cuanto el tiempo y espacio es un cuadro cartesiano cuya intersección se aproxima a cero y la vida se convierte en el reflejodel pensamiento; pensamiento carente de sueños, propio de una vida vacía, de sentido e ideales. Es precisamente en la ausencia de ilusionesdonde el equilibrio del funcionamiento del cuerpo humano rompe eslabones y viene la pérdida de la buena salud (Rojas, 2005).

LA VIDA Y LA OBJETIVIDAD

Los seres humanos construimos ilusiones, basados en relaciones familiares, sociales y escolares, tomamos ejemplo y espejos (actos vividos) de vida que se convierten en objetivos de nuestras vidas. En este recorrido, el sujeto construye su plan de vida en una relación directa con su medio familiar, social y laboral. Dentro de esto, no se debe descartar que el amor da forma, crea esperanzas, fortalece las ilusiones, estimula y regula armónicamente la autoestima para afrontar realidades difíciles o complejas. Podríamos dar una mirada al amor en tanto medio de confianza en los objetivos y como inspirador de las ilusiones, pero debo preguntar, si la condición humana enseña, prepara, condiciona, ilustra, a cada sujeto para llegar a pensar sobre los objetivos de cada uno, o simplemente somos espectadores-actores que vivimos el momento y vamos estructurando los objetivos de la vida día a día.

Con expectativa observo, desde mi exterior, los objetivos de mi vida y los objetivos de la vida de quienes me acompañan en el tren de la existencia. Me asiste una serie de inquietudes sobre los objetivos de la vida y quisiera generalizar desde los extremos también; es decir, trataré de mirar a aquellos que viven para trabajar, aquellos que viven bajo los objetivos de esperar; desearía también mirar a los que sufren (enfermedades de la mente), y a quienes viven bajo la anestesia de la droga y el alcohol, y esto porque las condiciones que afrontan los hacen llegar a apegos o desapegos por la vida, a la esperanza o desesperanza del vivir.

En la mirada a los objetivos de la vida debemos partir de dos realidades. La primera es que la muerte de todas formas es una realidad ineludible, y la segunda es que la vida es solo una y desconocemos el tiempo de existencia de cada uno. De allí que hay objetivos familiares, laborales, académicos, sociales, personales, individuales, etc. Objetivos a corto y mediano plazo, pero ante todo el sujeto debe enfrentar su propio existir y su condición humana para lograr esos objetivos ideales; pensar en lo posible y lo imposible y así descubrir o desencriptar la fuerza y deseos de vivir y entender que la vida tiene objetivos que realizar, explorar de inmediato, y la vida misma debe ser un aliciente para que cada persona trace ese mundo para vivir mejor.

Cuando quise buscar el suicidio, en uno de esos momentos de angustia y desespero que por algún motivo se vive, pude reflexionar y preguntarme cuáles eran los objetivos de mi vida;

no encontré ninguno dado mi estado mental y anímico, que por supuesto no es justificable. Me pregunté de nuevo ¿cuáles objetivos? Sabía que podían existir pero no comprendía de qué se trataba, fue entonces cuando abrí los ojos al mundo y con un sentido espiritual comprendí que el objetivo de la vida era aceptar mi existir, disfrutar cada instante sin importar su significado, ser positivo, apreciar lo que hacen los demás y valorar lo que yo hago, sentir que existe una familia o en su defecto amigos que quieren algo de mí, que confían en lo que hago, pero ante todo que puedo alcanzar la felicidad a partir de las pequeñas cosas que poseo, no por la ausencia de las mismas.

LA VIDA Y LA ILUSIÓN DE AMAR

No es mi propósito definir la palabra ilusión, es mi intención interpretar en la práctica ese episodio de la vida que me permite soñar, imaginar, crear, conducirme, permitirme, intentar, luchar y ante todo sentir y vivir la vida en una condición humana generada por mis propias intenciones y pasiones.

La ilusión de amar y vivir inicia cuando nace el ser humano, cuando ese pequeño siente que tiene a su lado un ser especial y protector, ese amor como lo describe Frankl (1978: 185) no solamente gracia, sino encanto. Para el amante, el amor hechiza el mundo, lo transfigura, lo dota de un valor adicional.

Pero los años y el vivir la vida le permite al ser generar espacios de ilusiones, vistas como sueños alcanzables, como lo manifiestan nuestras madres todo es posible cuando soñamos en cosas grandes y esas ilusiones de amor nos llevan al hechizo del mundo, para Frank (1979) es dotar de un valor adicional al ser viviente. No puedo pasar por alto esta frase del mismo autor el amor aumenta y afina en quien ama. Yo complementaría que esa ilusión de amar despierta en la condición humana una fuerza insuperable, un anhelo por alcanzar objetivos y metas.

En el lenguaje de la ilusión de amar, quisiera aproximarme a la realidad de la vida con un ejemplo práctico que cubre episodios de vida y sueños construidos a través de ilusiones, ilusiones que permiten al ser humano enfrentar realidades a través del juego del amor.

Era un día del mes de mayo del año 2008 cuando viajaba de New York a Bogotá con la mujer que entregó su vida a sus once hijos, una mujer emprendedora cuya misión era la de enseñar responsabilidades de vida y ante todo descubrir la felicidad en la existencia de cada uno de sus hijos; un trombo pulmonar afectó su estado de salud, con un resultado fatal que conmovió profundamente a sus hijos, el diagnóstico, cáncer con metástasis en el hígado. Esa reacción de angustia y, al parecer un mundo donde ya terminaban las ilusiones, fue la primera manifestación física de cada uno de los once hijos; fue el creer que no era posible que nos estuviera sucediendo a nosotros; fue la súplica a Dios en busca de salud para ella, la ilusión del amor manifestada en la ilusión de la vida a través de la oración, como lo describe Frank (1957:165) el amor es algo más que un estado emotivo. Esa ilusión fue una alta dosis de fe, para emprender, cada uno de los hijos y nietos, un camino cargado de alegrías, tristezas, emociones, ilusiones, amor y esperanza.

Ver un ser querido en el quirófano, es un choque de sentimientos, es encontrar realidades que rompen las ilusiones que el amor ha construido, ese verdadero amor que fortalece. Es precisamente en este momento donde emprendimos en lo intersubjetivo lo que Russell (2007:193) trata de describir como la c onquista de la felicidad , y recurro a esta frase, dado que esa conquista ha sido construida y finamente hilvanada a través del tiempo y con gran sentido afectivo.

No logro descubrir si la ilusión de

amar se debilita o se fortalece en la teoría, lo que estoy seguro es que la manifestación de amor en la práctica le permite a uno creer; y la unión, la comprensión y la humildad, vienen a fortalecer esa ilusión de amor y vida que todos quisiéramos.

No puedo desconocer que dos horas es suficiente para fortalecer las ilusiones de vida, pero tres segundos de palabras sin esperanzas, manifestadas por un médico frío, seco y realista, con la expresión no hay nada que hacer, es la tipificación de la pérdida de ilusiones. En muchas ocasiones he pensado que la pérdida de ilusiones puede ser el camino difícil de recorrer por falta de alicientes, de allí la importancia de producir ilusiones en el camino del amor.

En ese momento de nuestras vidas, debíamos enfrentar una realidad llamada la lucha por la vida, sentimientos, angustias, desespero, alegrías en medio de dificultades, los días continúan y el tiempo corría sin compasión, era necesario traer aquellas frases de Frank (1957:166) para quien verdaderamente ama no es nunca realmente concebible la muerte del ser amado . Pero sabíamos que la muerte saldría triunfante, los seres humanos que enfrentábamos esta batalla empezamos a entender la vida como bien supremo (Arendt, 1969: 338).

Es precisamente en estos momentos donde el amor conduce a la ilusión, las emociones y el bienestar (intermitente) generan espacios que como el rocío de las mañanas, actúan como bálsamo en cada uno de nosotros, mientras repetíamoslas preguntas ¿por qué?, ¿qué paso?, ¿cuándo fue? Y la más inquietante de todas ¿qué va a pasar?

Es necesario en la vida fortalecernos con ilusiones. La vida no debe ser una oportunidad para malgastarla, como tampoco para privarnos de ilusiones de amar o medio para prolongar amores, nuestra madre vivía por esa fuente de energía propia, el amor y la necesidad de no dejar a sus hijos y nietos, que eran sus propias ilusiones.

El amor prolonga la vida de ese ser llamado madre; nuestras lágrimas, en lugares ocultos, era permanente; la sonrisa en su lecho era una manifestación plena de serenidad; la oración y el canto acompañada de guitarras, alegraban los pocos días de existencia que restaban, pero ella conservaba la esperanza de vida y sus sueños e ilusiones no cesaron, se trataba de una fábrica de ilusiones de amor, quizá su pensamiento interpretado como un sentimiento lleno de ilusiones que permitían prolongar su vida, mientras las ilusiones de sus hijos y nietos perdían fuerzas y la mirada sobre la vida se convertía en un socavón oscuro, era un acto de impotencia.

Después inicia el proceso de sufrimiento, dos eternos días donde la petición y súplicas al Todopoderoso estaban encaminadas a la solicitud del desprendimiento, un fuerte contraste entre los deseos por la vida y la necesidad del descanso eterno. Otro tipo de manifestación de amor, un desprendimiento de ilusiones y saber que perderíamos un amor verdadero, un amor eterno, fue el desenlace de un verdadero sentimiento de ilusiones de amar. Ahora sólo nos queda pensar en la frase de Boff (2003:32) la muerte es en verdad el fin de la vida. Pero fin entendido como meta alcanzada, plenitud anhelada y lugar del verdadero nacimiento. He pensado que, la muerte de nuestra madre, no deber ser la muerte de sus ilusiones, sino la proyección generacional de esas ilusiones; sus ojos no se cerraron para siempre, ahora sus ojos son los nuestros.

El amor que la caracterizó como ser humano, ahora se siente en la prolongación familiar, resuena como un llamado a la comprensión de la vida en todos sus encantos para el fortalecimiento en nuestro existir intersubjetivo; porque la vida no es de un solo sujeto, la vida es la que permite unirnos con otros seres humanos para el goce y disfrute de la misma, es poder hacer feliz a la humanidad bajo el encanto de una manifestación como la sonrisa, las lágrimas, el agrado, el compartir y ante todo tratar de proporcionar a quienes podamos la manera de construir ilusiones de amor.

Las ilusiones en el amor tienen diversas miradas, la vida nos conduce por muchos espacios, no por casualidad conocimos seres humanos que nos acompañarán como familia, también lo harán como amigos, otros serán nuestras parejas, en todo caso como seres humanos viviremos la llegada y la partida en diferentes estaciones de esos seres, esto quiere decir, en cualquier momento algunos partirán temporalmente, otros partirán para siempre, lo cierto es que la vida será derrotada por la muerte, pero no sus recuerdos.

Me he preguntado en diversas ocasiones, si la muerte saldrá victoriosa, ¿por qué los seres, no somos verdaderos humanos? Ese cuestionamiento y las preguntas que se relacionan con el amor y las ilusiones de amar me hacen apoyar en un escrito de Fromm que afirma

(Fromm, 1999:14) el amor es un arte. Y he pensado en la muerte como el motivo principal para vivir enamorado, como la oportunidad para disfrutar la vida y sus encantos, como aquello que debo aprovechar al máximo cada instante de mi vida, ese disfrute, ese placer de estar al lado de mis seres amados, de mis amigos. Si lo logro venciendo obstáculos de manera constructiva, creo que he ganado a la muerte, pues mis obras, mis acciones perdurarán para toda la vida, vivo en mi, vivo en ti, vivo en los otros y creo que de esa manera proyecto mis actos y acciones por un Buen Vivir.

LA VIDA Y LA ILUSIÓN DE AMAR A LA PAREJA

He tratado de comprender, a partir del vacío existencial que origina un desengaño, el amor de pareja, pero también es muy importante comprenderlo a partir de la estabilidad que da el amor, la confianza y la lealtad. En teoría podríamos pensar que la unión de pareja se busca para lograr armonía, felicidad, encanto, sueños e ilusiones.

En nuestra vida bajo el estado de la inocencia (estado y calidad del alma que está limpia de culpa) nos enfrentamos a realidades que nos conducen a sueños y pesadillas. Cada ser humano vive y conduce su vida de manera personal, lo cierto es que cuando se enfrenta con realidades y existe separación, llega a su existencia el dolor, la angustia, y desespero como manifestación propia del sentir del ser humano, pues sus ilusiones de amor, ya no lo son, y como lo manifiesta Scheler referido por Frankl (1978:181) el amor es un movimiento espiritual que busca el más alto valor de la persona , pero al observar que la realidad no era el sueño que estaba viviendo, sobre viene una descompensación emocional del ser, que, visto desde otro ángulo, es motivo de amoldamiento y formación para realidades de vida, pero visto en su momento por el actor, es una desgracia en su vida como ilusión o un fracaso como ser humano.

Como observador, comprendo que los seres humanos estamos distraídos y cada día tenemos los medios y formas para estarlo con mayor facilidad. Nos distrae del amor en pareja, el trabajo, las obligaciones, los sueños, las ambiciones, el querer, el conquistar, las condiciones económicas y sociales, la escuela, el juego, la tecnología, y en ocasiones perdemos el sentido de la vida distraídos por los logros, propios de una educación y sociedad que mide al ser humano cuantitativamente. Este aspecto nos hace olvidar nuestra relación de pareja o por el contrario me permite fortalecer mi relación.

En el fortalecimiento de la relación es necesario incluir los valores éticos y morales, para Frankl (1978:182) la captación de valores solo puede servir para enriquecer al hombre. Y se podría considerar que esos valores son las columnas para madurar las ilusiones de amar pero ante todo el medio que da fuerza a la vida.

La ilusión de amar, se puede romper en la separación de pareja, siendo en ocasiones motivo de pérdida de encanto por la vida; ese conflicto interno podría observarse como la oportunidad de maduración del ser humano y encontrar, a partir de las dificultades, la capacidad de descubrirse y aceptar que la vida debe continuar en la construcción de ilusiones y no del rencor y el odio. Comprendiendo que s in amor, la humanidad no podría existir un día más (Fromm, 1999:27). Por lo tanto es el mismo ser quien debe abrir el corazón al amor, ¿cuál amor? En la condición humana el sujeto no debe particularizar el amor a la oportunidad de pareja, debe ser una repartición equitativa que permita una armonía digna de vida, digna de un ser humano, pues la ruptura de una relación de pareja no debe ser motivo para perder el encanto por la vida, debe ser la forma de ver al otro como aquel amigo con quien vivió ilusiones por un periodo.

Manifiesta Fromm (1999:27) que el amor es un poder activo en el hombre; un poder que atraviesa las barreras que separan al hombre de sus semejantes y la une a los demás; el amor lo capacita para superar su sentimiento de aislamiento y separatidad y no obstante le permite ser él mismo, mantener su integridad.

Podríamos referirnos también a Frankl (1957:185) cuando dice las experiencias desdichadas de la vida amorosa no solo nos enriquecen, sino que nos ahonda; más aún, es precisamente en ellas donde más crece y madura el hombre.

La ilusión del amor de pareja debe tener un ingrediente esencial en la preocupación por la vida, pero al hablar de amor estamos incluyendo el cuidado, libertad y excluir aquel elemento llamado dominación. La ilusión de amor debe ser la constante compresión del uno hacia el otro.

Guillermo Rojas Quiceno

LA VIDA Y LA FAMILIA

Cuando revisamos los escritos de un joven de veinte y tres años que tomó la decisión de suicidarse, encontramos en muchos de ellos, que manifestaba el deseo y anhelo de tener una familia, un hogar de padre y madre, tener encuentros cariñosos y agradables, esa fuente de energía que provee los mejores momentos de la existencia humana.

He de destacar que cuando en el existir humano hay ausencia de algo, ese algo se convierte en un aspecto que puede tener reemplazo; puede ser el mismo ser humano, ese vacío lo puede llenar su padre, madre o hermanos que doblan sus esfuerzos por cu brir la ausencia.

La privación de familia parece ser un factor común hoy en Colombia; las madres normalmente son quienes asumen un papel de padre y madre y enfrentan la vida en unión con sus hijos. Cuando afirmo que ése ha sido un rol de las madres, me baso en la experiencia de ver los fines de semana en los centros comerciales, parques, centros de diversión, restaurantes y calle, a una madre con sus hijos y la ausencia de la figura de padre. La familia que, por naturaleza, está conformada de padre, madre e hijos es la bendición divina y la forma de vivir una vida con agrado, esa familia es para Boff (2005) la sagrada familia.

He creído que aquellos padres o madres ausentes en la formación de familia, se distancian también de cosas maravillosas y por estar ausentes no logran percibir y comprender aquello tan maravilloso que es compartir con unos seres inocentes, sentir en las noches que uno es el apoyo de esas criaturas, vivir la importancia que tiene uno para otros seres, recibir el abrazo sincero de un niño cuando nos enojamos, pero ante todo comprender que somos débiles y podemos cambiar de opinión con una simple sonrisa.

Es por esto que, a través del tiempo, he creído que los seres humanos debemos actuar y pensar como niños, que la discusión no hace que las demás personas cambien de actitud, que una sonrisa puede hacer sensible a los demás y baso mi concepto, de acuerdo a la experiencia, que la educación y formación de la persona se reafirma a través del ejemplo de los hijos a los padres, en otras palabras aceptar que los hijos educan a los padres.

Cuando llego enfadado o triste a mi casa, suelo hacer un ejercicio: observo el poder que tienen mis hijas y mi esposa de cambiar mi postura, con una risa picarona de una de ellas; es en este momento donde acepto que estoy en un enorme error al desperdiciar momentos valiosos de mi vida y sonrío como ellas. Mi reflexión nocturna es de acuerdo a como hemos proyectado nuestra familia, una familia con fines y propósitos en el amor, en la fe y la esperanza y ante todo en la confianza.

La familia debe ser proyectada en la imagen de la Sagrada Familia, un San José tolerante, humilde y amoroso; una Madre perseverante y amorosa; una actitud de los padres templada y de buen ejemplo y unos hijos formados en el amor y los valores.

OTRA OPORTUNIDAD PARA LA VIDA

Me pregunto ¿por qué otra oportunidad para la vida? La vida debe ser pensada con libertad, calidad, sin ataduras, para un Buen Vivir. Generalmente la persona llega a un momento donde quisiera otra oportunidad para la vida y así cambiar su actitud y forma de vivirla, incluso hay quienes, a pesar de vivir muchos años, se les escucha decir qué bueno sería otra oportunidad para vivir diferente.

Y pienso por qué negarle otra oportunidad a la misma vida, por qué no incentivar esa emoción radical que conduce al ser humano a creer que las dificultades deben ser resueltas con decisiones definitivas, por qué no darse otra oportunidad si los seres tenemos la capacidad que tienen algunos árboles de perder sus hojas y florecer nuevamente.

Es necesaria otra oportunidad para la vida para interpretar, no el acontecimiento momentáneo y pasajero, sino vivir lo que pasa alrededor de la vida y lo que está sucediendo, es darse otra oportunidad para salir de esas encrucijadas que nos enceguecen y nos impiden pensar. No se trata de llevar una vida con parámetros sociales, ni culturales o modelos para vivir, se trata de analizar con tranquilidad, en momentos de dificultad y desasosiego, la manera cómo se supera la situación o de vivir aquello que es imposible cambiar.

Los espacios de alegría, emoción y el bienestar, en ocasiones se encarga de distraernos y hacernos olvidar las dificultades, tristezas, melancolías, amores y hasta la misma existencia. Esa emoción a la cual he denominado anestesia del sentimiento nos distrae, nos duerme y nos hace olvidar hasta nuestra proveniencia, ese tipo de anestesia nos niega otra nueva oportunidad.

Es necesario una oportunidad más para la vida con el fin de permitirle al ser humano debatir y controvertir, pero ante todo liberar la mente del mismo ser, que permita pensamientos autónomos pero alegres; que comprenda que cada minuto debe ser una ocasión para reírnos de nosotros mismos y de nuestras actitudes. Negar otra oportunidad a la vida es conducirnos por un camino sin lograr comprender y descifrar el sentido de la vida, el sentido de la existencia, es negar al mismo ser el descubrimiento de la alegría de vivir bajo la espiritualidad.

El ser humano en el camino debe proveerse otra oportunidad, debe recurrir a ser niño nuevamente, a ser ese ser humano responsable de su felicidad, a tomar actitudes que permitan un Buen Vivir en todo sentido, comprender la relación tierra - hombre en su convivencia, pero ante todo interpretar que la vida debe ser un juego agradable y de felicidad para lograr un cuerpo sano y una existencia en paz.

LA VIDA Y SUS TRISTEZAS

La tristeza es un estado anímico y social que retrae al ser humano y lo hace incapaz de realizar sus tareas. La tristeza puede ser una manifestación de recuerdos, dificultades, tropiezos y desencantos. En el camino de las ilusiones del ser humano no deberían existir las tristezas, quizá podrían mirar la tristeza como la ausencia de felicidad, pero la vida nos pone en aprietos y estos son mayores en el ser distraído y en aquel que toma, en la vida, cada acontecimiento como si se tratar de algo invariable, sin solución, sin otra oportunidad.

A través de la experiencia y estudios he podido percibir que la tristeza es un fenómeno que conduce al ser humano a un estado emocional que desestabiliza, para convertirlo en un ser frágil, débil y muchas veces incapaz de superar por su propia cuenta las situaciones sociales, familiares, educativas, amorosas o comerciales. He creído que las buenas o malas condiciones de salud son provocadas y generadas por el mismo ser pues las tristezas son somatizadas en su organismo, cada persona es responsable de su felicidad. Con la tristeza hay una mayor predisposición a la enfermedad provocada y conducida; en esos momentos, se baja la autoestima y las defensas debilitando al ser.

¿Por qué tanta tristeza en los seres humanos? Somos seres vulnerables con altibajos en la vida, en ocasiones no percibimos el mensaje que la vida nos muestra en ese estado, pues estamos pensando en otras cosas e inmersos en la tristeza; en ese momento solo pensamos en lo que ha originado la tristeza y cómo resolverla.

Debo recordar que, en condiciones normales, los seres humanos, inconscientemente, hacen de ese dolor algo más intenso, más fuerte, prolongando el recuerdo que produce sentimientos negativos en la persona y en quienes los rodean, es cerrase en sí mismo recordando insistentemente sin buscar alternativas externas a lo que ha originado este flagelo.

Pienso que la tristeza es la ausencia de haber vivido situaciones más dificultosas que la que se vive en el momento, pienso que es el desconocimiento o andar desprevenidos en un caso de vida que hemos prefigurado creyendo que todo debe ser como uno quiere. Puede ser que la persona tiene poca resistencia a la frustración, que no le permite superar el proceso y se encierra en la tristeza. ¿Quién no quiere una vida de solo alegría? Cuando en la vida no se logra lo planeado e idealizado, se cree que la vida ha jugado una mala pasada, que la alegría es sólo ahora tristeza y esa tristeza hace que como ser humano desconozca la condición, la función y la posición como humano.

De allí el papel adecuado de la familia, mostrar a los hijos el mundo y la vida tal y cual es, no tratar de llevarlos por fantasías supliendo materialmente cada deseo y anhelo.

Recordemos que la tristeza es

sólo un camino de las múltiples autopistas que tiene la vida, la tristeza no debe tapar la infinita luz del sol que ilumina los caminos de la vida de un ser humano, la vida debe ser armonía que estabilice emocionalmente al ser y logre neutralizar ese estado dañino que quiere confundir la razón con la emoción de cada persona.

En momentos de tristeza debemos mirar y repasar lo que nos está sucediendo y que la tristeza no nos permite observar, son nuevas experiencias y herramientas de la vida para la vida; es necesario crear fuerzas que conduzcan a la felicidad por medio de las tristezas, para trasmitir felicidad a quienes nos rodean.

El mejor remedio para la tristeza es salir al mundo y observarlo con agrado, apreciar la lluvia y el sol, jugar, brincar, saltar, buscar la inmensidad de la naturaleza, cambiar constantemente de actividades; evite lugares de recuerdos tristes y luche por superar lo pasado.

LA VIDA Y EL SENTDO DE CULPA

El sentido de culpa interpretado como un sentimiento del ser humano que manifiesta dolor por un acto o por una omisión, es un fenómeno de la condición humana y de los seres que consideran que esa culpa debe ser asumida y el costo sentimental debe ser una dura carga de recuerdos, ausencia de interpretación y aceptar los cargos de conciencia como castigo a esa actitud.

La responsabilidad de cada ser humano debe ser asumida como un acto que permita entender, comprender, analizar y dilucidar los acontecimientos de la vida. Los actos de culpa pueden ser interpretados por algunas personas erróneamente, como el camino que cada uno recorre pagando la deuda de consumo en ese recorrido, esto es; la manera de sentimiento personal de hacerme sentir mal para compensar el acto de culpa.

Pero es necesario analizar que ese

sentido de culpa y de inculpar no debe ser el método para dar solución a un acto o a una omisión, debe ser una oportunidad para superar lo pasado en la vida, debe ser el reconocimiento de uno entre millones de pasajes en la vida que todos los seres humanos tenemos que superar, superar con libertad, no con ataduras, superar con mudanzas y cambios espirituales, superar con el reconocimiento de la acción como una acto no repetitivo; para Boff (2004) solamente el amor y el perdón restablecen la armonía en medio de una creación rota.

El sentimiento de culpa que se traduce en dolor, no debe ser un estado permanente del ser humano ni el camino a decisiones finales, debe ser la forma de perdonar, perdonarse y perdonarnos para lograr la liberación de la mente y del cuerpo.

El ser humano no debe permitir que la culpa sea generadora de una cadena de malas acciones, debe evitar repetir los actos por falta de reflexión, tranquilidad y ante todo, por la sombra de aquello que nosotros como humanos asumimos, como el sentimiento de culpa y muchas veces lo queremos magnificar.

En el caso de los padres debo hacer una reflexión y es: los hijos no son nuestros hijos, son los hijos de Gaia (Tierra) y las acciones de nuestros hijos no son nuestras acciones. Los padres no debemos sentir la culpa de los actos y acciones de los hijos, pues son ellos quienes tienen que vivir la vida y vivir experiencias cada instante de la misma vida. Como padres no es posible sobrevivir por los hijos y como hijos no podemos responsabilizar o culpar a los padres.

Me manifestaba un amigo que sentía una gran culpa, que no lograba borrar de su mente, era la de haber visto a su hijo perecer en un accidente de tránsito en el carro familiar. Yo le decía, si usted no hubiera prestado el carro y se hubiera accidentado de otra manera, el dolor hubiese sido no haberle prestado el carro. Los seres humanos acoplamos las circunstancias de la vida a la conveniencia o inconveniencia. Dice otro padre, yo le di permiso de salir y se accidentó; en cambio otro dice, yo le negué el permiso de salir y falleció. En fin son muchísimas las situaciones y he creído que uno se muere el día y a la hora que es; le pasa lo que le tiene que pasar, pero no debe existir la responsabilidad de la culpa.

LA VIDA Y EL PERDÓN

La vida es un recorrido que, a pesar de las alegrías y tristezas, los seres humanos pueden vivirla con alegría o tristeza, ello depende de cada ser, no de las circunstancias o el bienestar. La alegría debe ir dentro de cada ser o al menos de quienes quieran hacer agradable el recorrido de los años. El perdón, en un mundo donde los seres humanos vivimos de prisa, en busca de metas, logros económicos y de poder, donde se quiere superar a los otros para obtener bienestar, parece una palabra que choca de frente con el orgullo, una palabra que por ausencia de valores trata de desaparecer del lenguaje social, un acto de dificultoso proceder. Pero para aquellos seres que aman la vida, que se quieren en alma y espíritu, que superan lo material con lo espiritual, que buscan en el camino de la vida felicidad y alegría, el perdón es un simple acto de olvidar lo sucedido que, al mismo tiempo, hace sentirse al ser humano alegre y feliz.

En temporadas del año observamos que algunos árboles se quedan sin hojas, luego florecen y dan nuevas hojas, hojas frescas y tiernas que le dan vida alegre al árbol; en él observamos la belleza, frondosidad, el color con su brillo resplandeciente y maravilloso que alegra nuestros ojos y refresca nuestras calles.

Este mismo fenómeno lo observamos en los seres humanos que perdonan, que hacen mudanza espiritual, que cambian su actitud frente a la vida y el Buen Vivir, frente a la tierra; esas personas son de tez bella, alegres, felices, sus ojos irradian como la luz de un lucero, la lozanía es indescriptible y su corazón amoroso revela ante los otros seres la emoción de vivir. Pero hay otra característica importante en la vida de quienes perdonan y es que los lugares y espacios que ocupan son más agradables, ellos potencializan cada centímetro cuadrado donde llegan y su residencia y lugar de trabajo son espacios literalmente llenos de energía.

Si la vida es corta y tiene sus altibajos, ¿para qué esperar para perdonar?, es mejor vivir con agrado y rescatar ese niño que cada uno fue, ese niño que olvida, perdona y sabe decir te perdono con la sinceridad y la sencillez que lo caracteriza.

No es que sea difícil perdonar, es que los seres nos negamos a ser humanos, queremos tener la razón y justificar los actos, perdonar es un simple acto de procedimiento, el perdonar no significa regresar a la vida que se tenía, es realizar cambios en la mente para alcanzar espiritualidad, amor y olvido;

perdonar es la forma verdadera de sentir un gran descanso al aceptar que las demás personas pueden cometer errores o reconocer los errores propios; es lograr perdonar olvidando, para sentirse bien.

Me contaba una amiga una historia personal, una historia cargada de odio, desprecio, rabia, desestabilidad emocional y deseos de matar, hasta que un día decidió pensar diferente e inició una campaña de oración por la persona a la cual detestaba. Cuenta ella que la tranquilidad regresó a su mente, su estado emocional mejoró y las cosas de la vida tomaron un rumbo favorable.

Yo creo que es muy posible que esto suceda, pues la serenidad desprovista de odio hace que el ser humano actúe con lucidez e inteligencia y el perdón tiene esa y muchas más virtudes.

LA VIDA Y LA SOLEDAD

Cada ser humano está facultado para escoger la forma y manera de vivir, hay quienes prefieren llevar una vida de soledad y hay otros que, por obligación o cosas del destino, deben decidir por la soledad. Facundo Cabral manifiesta en su poesía: No estamos solos, estamos distraídos. La soledad pasa a ser un estado social que el ser humano selecciona o escoge.

Pero la soledad o, mejor, ausencia de compañía en el mundo, donde convivimos con algo más de seis mil millones de personas, nos permite interpretar que esa persona logra acoplarse a un mundo social a su manera, prefiere compartir consigo mismo, ese ser confía sus emociones en su propio existir, no es un aislamiento social pues al fin y al cabo es necesario emplear cada cosa que fabrican los otros seres humanos para sobrevivir, por lo tanto es una actitud social.

Pero veamos cuales pueden ser

los beneficios de convivir con otros seres. Reírnos de nosotros mismos y de los demás, gozar de una buena charla, compartir cada cosa y cada lugar, comprender a los demás, amar y ser amados, palpar la felicidad, sentir desde su propio ser las emociones y dificultades, comprender que como ser es único e inacabado; la persona puede realizar mudanzas espirituales que permitan desarrollar el sentirse cada día mejor; hacer agradable los días a través del servicio; pero ante todo ver la vida como la oportunidad de vivirla, disfrutarla, comprenderla, gozarla en comunión.

Lo anterior no significa que la soledad sea un obstáculo, o lo contrario a la felicidad, la soledad debe ser el espacio y la oportunidad del ser, para permitirse ser más, ser humano para una sociedad que debe entender, una sociedad que pocas veces podemos cambiar, pero existe la oportunidad para cambiarnos a nosotros mismos y aceptar una convivencia familiar y social en un mundo donde podemos escoger nuestra compañía, donde tenemos la oportunidad de ocupar un espacio y una relación tierra-hombre en beneficio de uno y los demás.

La soledad no debe ser entendida como un acto de egoísmo, es un acto de falta de confianza en un mundo donde la ausencia de valores se percibe, pero donde la vida debe ser una prioridad a vivir con agrado.

Cuando acudíamos a la escuela decíamos una frase que todavía recuerdo el que come solo muere solo . Y esa representación de morir solo, significaba el terror a llegar a una edad sin compañía.

LA VIDA Y LA NECESIDAD

Vivir, para algunos, es agradable Condicionado a las comodidades materiales, con incentivos de logros; para otros, la esencia es sentir que están vivos.

Lo material, no cabe duda, trae consigo algunas comodidades y trasmiten alegrías, pero ante todo seguridad de tener, de poseer y de proveer; pero, en este caso en particular, debo reconocer también que las necesidades permiten en el ser humano desarrollar capacidades, para atender o enfrentar pasajes difíciles de la vida, resolver aquellas encrucijadas sociales, familiares y escolares.

En todo caso, la vida no se compra ni se paga, la vida se construye consigo mismo; en ocasiones hay recompensas materiales y en otras, algunos se hacen esclavos de ellas y pasan sus días cuidando y protegiendo esos bienes; en otros casos adquirimos elementos de lujo y la pasamos años protegiendo, brillando y cuidando, mientras la vida pasa. Hay quienes fabrican garajes para sus carros más grandes y bonitos que su propio cuarto; encontramos aquel que olvida de donde proviene, quien olvida las dificultades vividas y aquel que se olvida de vivir por adquirir esos bienes.

La vida, comienza con cosas materiales y termina de igual forma, tardamos en entender que esas cosas o bienes materiales no deben ser motivo de distracción en el encanto por la vida y el Buen Vivir, que los días no deben pasar en vano y que el ser humano como tal no debe convertirse en vigilante o esclavo de esos bienes; estos deben convertirse en accesorios que fortalezcan el disfrute y encanto para vivir la vida y su ausencia no debe ser causante de desencanto.

Ahora bien, pasando de lo material a lo espiritual, encontramos aquellas personas con necesidad de afecto; son personas que llevan vacíos en su corazón y la necesidad de comprensión por parte de quienes lo rodean.

En una oportunidad escuché a un hombre decir que con su trabajo no era capaz de mantener la familia y esa impotencia le hacía pensar en desencantos por la vida; cada mañana que partía a trabajar, era otro motivo de tristeza dado que no se lograban cubrir las necesidades materiales. Es así la manera en que algunos no ven cumplidos sus sueños y cada día encuentran más lejos los logros, quizá por falta de oportunidades. Pero la vida debe ser vista desde los sentimientos y estos deben ser motivos inspiradores para conservar la esperanza en un momento de dificultad.

LA VIDA Y LA PENA MORAL

A través del tiempo escuchamos el término Pena Moral y su interpretación ha sido una pena o un dolor que sufre un ser por algún acontecimiento en la vida, ese acontecimiento puede ser: la muerte de un ser querido, la pérdida de un amor, una traición, un desengaño, pérdidas materiales, un accidente, un problema de salud de un ser cercano, un acto desagradable en una acción donde participe el ser que asume responsabilidades; etc.

Pero esa pena moral tiene una manifestación diferente en cada sujeto: dolor interior, depresión, angustia, tristeza, falta de apetito, deseos de encierro, desencanto por la vida y, es en estos momentos donde la salud sufre grandes altibajos.

Pero qué significa una pena moral. Se da esa pena cuando el ser humano que la sufre, no tiene concentración para dilucidar y pensar sobre ella, el ser no quiere ni consiente comentarios sobre ese intenso dolor y esa llamada pena moral.

Quienes logran sobreponerse a este estado comprenden que una pena moral es un camino para comprender la vida, para entender y sentir la fuerza para superarla, no es el paso a permanecer en esa pena, ni el caminar a un estado más doloroso.

El encierro y egoísmo puede ser un resultado desastroso de esa pena moral, y esto conlleva a la persona a negarse otra oportunidad.

Los seres humanos permitimos que un acto no común en nuestra vida nos desestabilice emocionalmente, concentrando toda nuestra fuerza y energía en un solo acto, olvidando la condición de ser humano y muchos más actos que pueden alegrar nuestro diario vivir. Es sacrificar, por un acto emocional, una vida que puede ser ejemplo, una vida que puede comprender a través de mudanzas, no sólo que la vida trae consigo dificultades sino que el hombre puede producir alegrías, felicidad, armonía, para superar el dolor de la pena moral.

Una pena moral puede llevarnos a la muerte, puede distraernos del mundo y de nuestras funciones familiares, sociales y amorosas, puede generar una cadena de dolores, pero debe permitirse abrir ventanas a la vida para observar y comprender que en la vida estamos rodeados de cosas bellas, de seres humanos que quieren espiritualmente que seamos humanos, sensibles, amorosos, cariñosos, tiernos y aprendamos a querernos y a querer.

Cuando la pena moral tocó mi corazón y mi razón, pude experimentar que nada, absolutamente nada alegraba mis días, no escuchaba consejos y menos palabras que justificaran lo que había producido esa pena moral, se podría decir que yo era un verdadero autómata que caminaba, únicamente sentía dolor y solo esperaba la muerte. Esa situación se debía superar por voluntad propia, hasta que un día tomé la decisión de cambiar, olvidar y superarla a través de la oración, la meditación y lograr entender que la vida debía continuar pero con agrado a Dios. Esa determinación ha permitido que mi vida, ahora, sea emoción, acción y alegría.

LA VIDA Y RAZONES PARA VIVIR

La vida es una ocasión para algo, el ser no solo debe vivir sino re contextualizar el concepto de las razones por las que se viven, pues la vida misma debe acompañarse más de emociones que de razones. El vivir la vida debe tener sentido, fortalecimiento, perseguir propósitos, metas, sueños yproyectos, la intención debe ser la vida misma y no las razones, como lo manifiesta Darío Botero; para vivir es importante que la persona rompa esquemas y parámetros, la vida no debe ser rigidez ni tensión.

Las razones para vivir podrían conducirnos por caminos de alegría o de monotonía y podría, al mismo tiempo, sobreponerse al sentido por la vida, pero, yendo al tema que nos compete, miraremos algunas razones para vivir.

Uno podría pensar que las razones para vivir son condiciones del ser humano, de inventarse algo puntual para generar emociones como: los hijos, la madre, el padre, la familia, los amigos, los logros, etc. Pero hay algo que yo personalmente veo con agrado y es la razón espiritual de vida combinado con la no razón, es necesario pensar de vez en cuando cómo piensa el otro para conocer la variedad de razones que se pueden presentar, pues para mí las razones son unas y para otra persona pueden ser otras.

Es necesario compartir e

intercambiar razones de vida para aumentar el espectro del amor por la vida, con responsabilidad, libertad, mente abierta y renovada es la mejor razón para vivir.

LA VIDA Y EL ODIO

En las diversas etapas de la vida, los seres humanos experimentamos sentimientos hacia otras personas y esos sentimientos los expresamos a través de acciones, gestos, comportamientos, etc. El odio es el camino que un ser toma con repudio, indignación, malestar, zozobra, contra otra persona, es el fastidio que se expresa con indiferencia a otro ser. Me he preguntado a lo largo del tiempo ¿quién se siente más incómodo en la vida, quien odia o quien se siente odiado?; pienso que a un ser que se odia poco lo afecta sentimental y espiritualmente. En tanto estoy seguro que quien odia siente ira, desarmonía en el cuerpo y en el espíritu, agotamiento en el momento de expresar y descompensación mental.

Cuando un ser humano odia considera que es una acción adecuada, justificando de alguna manera el acto, cuando se actúa contra otro ser, se está actuando contra sí mismo, pues el sentimiento de repudio lo está viviendo y sintiendo en carne propia.

La vida nos proporciona oportunidades para hacer reflexiones y darnos cuenta de nuestras actuaciones, pero hay cosas en la vida que nos hacen perder el rumbo y no logramos darnos cuenta que cuando un ser quiere hacerle mal a los demás, a través del odio, el sentimiento permanece en el sitio de origen realizando un auto envenenamiento de odio y una descompensación personal.

Odiar es una acción del ser humano que provoca estragos en contra de uno mismo, contra la felicidad y la tranquilidad familiar. Pero el ser humano, a través de su superación, comprende que quien quiere hacernos daño con el odio, se hace daño a sí mismo desperdiciando su tiempo, su emoción y su condición de ser humano.

En la vida es necesario entender el odio de las personas, para amar con respeto, cariño y ante todo entender que la vida, mi vida en tiempo y espacio debe ser amada y respetada por mi y esto lo logro cuando cambie el odio por un sentimiento fraternal o sentimiento que neutralice las acciones del ser que no actúa bajo los parámetros de mi pensar o mi gusto.

El odio puede ser superado en el proceso de humanización, cuando comprendamos que estamos habitando el mismo planeta, cuando entendamos que somos diferentes, cuando veamos a los demás con aprecio y cuando nosotros seamos capaces de dar más de lo que recibimos.

LA VIDA Y LAS METAS

Las metas en los seres humanos no sólo son logros, instintos, triunfos, deseos de conseguir objetivos, lucha por ideales; en algunos casos, las metas se convierten en obsesión, frustración y hasta desencanto por la vida. El ser humano por naturaleza trata de convertir las metas en propósitos esenciales de la vida olvidando que ese camino por recorrer o explorar -hacia las metas- debe ser emocionante de tal manera que permitan a la persona observar lo que sucede y lo que hay alrededor, percibir la oportunidad dehacer cambios.

Las metas no deben ser obsesiones que enceguezcan al ser, deben ser el disfrute de entender la vida como la oportunidad de explorar dificultades, la oportunidad de aceptar cambios y la alegría que supone el incentivo para continuar con agrado la tarea emprendida.

Las metas son objetivos y una necesidad del ser en su encanto por la vida, una vida sin metas es una vida de un ser que no habita el planeta, un ser que ha perdido el anhelo en la vida y el disfrute, que ha dado todo por terminado.

Lo anterior me permite reafirmar que los seres humanos debemos crear, pensar e inventarnos metas que den sentido a la vida; la familia, como fuente de energía, debe proporcionar caminos que permita al ser visualizar esas metas, pero ante todo enseñar que la falta de logros no son fracasos, que querer es poder y que debemos intentar cada día de nuestras vidas hacer lo que más nos agrade.

La condición humana parece enseñarnos el camino de las metas como los logros materiales, logros que hacen feliz a la persona por pequeños instantes, o logros que de alguna manera esclavizan al ser humano a cuidar de ellos y protegerlos, olvidando la verdadera razón de vivir, la verdadera esencia del ser.

Los logros materiales deben ser accesorios para las metas, pero la vida en su plenitud debe ser la meta objeto de ser vivida, la vida debe ser la meta sin olvidar las responsabilidades, disfrutando cada instante y cada episodio que nos presenta la misma vida.

LA VIDA Y LAS DIFICULTADES

Vivir la vida sin dificultades parece un acto de la imaginación, los sueños y las películas. La vida de cada ser humano tiene múltiples dificultades, vistas estas como un proceso encaminado a desarrollar algo sin lograr los objetivos, como la imposibilidad de alcanzar metas, como el camino que debemos recorrer haciendo travesías, buscando acortar distancias o saltando barreras.

Es claro que en la vida nuestros deseos no siempre se logran y todo debido a las dificultades; hay seres humanos que dada su situación social o económica pocos esfuerzos tienen que hacer para lograr superar las dificultades. Hay dificultades de muchos grados y condiciones y lo que para uno son dificultades para otros es un simple acto de vida.

Pero es necesario interpretar el

sentido de las dificultades en la vida. Las dificultades son procesos construidos a lo largo de la vida que le permite a la persona desarrollar habilidades para hacer placentera la vida, las dificultades se convierten en oportunidades de explorar nuevos caminos.

Algunos seres humanos prefieren abandonar el camino antes de enfrentar dificultades pero de una cosa estoy seguro y es que las dificultades conllevan al ser a desarrollar capacidades para ser feliz cada instante de la vida.

Imaginar una vida sin dificultades podría aproximarse a una vida monótona, simple, sin expectativa, pues las dificultades nos llaman a la reflexión y a reactivar la emoción y cuando la emoción está activa, es justo el momento para darnos cuenta que estamos vivos.

Existen seres que han considerado o interpretan que sus vidas han sido solo dificultades, son seres que han programado sus vidas con dudas de su capacidad, seres que no alcanzan a ver el sol porque tienen sus ojos puestos en la nube que está a un costado.

La vida sin dificultades me parece un acto anormal, un proceso interrumpido o una filarmónica sin violinistas. Las dificultades deben ser vistas como el condimento que sazona la vida, como la ilusión a dar el siguiente paso en el sentido por la vida, como el sueño para luchar por ideales y hacer de la vida la mejor filigrana al amor y a la felicidad.

LA VIDA Y LA FAMA

La fama es un estado del ser humano conquistado a través de los años con sus acciones, con sus talentos, su poder de convicción o por accidente. La fama es el reconocimiento a un acto realizado por un ser humano para socialmente ubicarlo en una posición y condición destacada.

La fama, como muchas cosas de la vida, toma varias posiciones en el desarrollo humano de la persona. Me permitiré analizar sutilmente dos de ellas: una para bien y otra para mal. Cuando la fama permite al ser humano ser humilde, una re-contextualización espiritualy una mudanza interna es lo que algunas personas llaman una actuación con madurez, sencillez y amor.

Pero existe el segundo fenómeno y es que en ciertos casos la fama aísla al ser de la sociedad; la sociedad presiona y el ser famoso reprocha; estos y otros procedimientos del famoso lo conducen a la soledad, tristeza y depresión, podría ser el caso de la periodista que se lanzó de un sexto piso. En otros casos esa persona se alcoholiza y recurre a las drogas.

Hay otro elemento de mucha importancia y es que la fama les hace creer, en algunos casos, que son seres superiores y omnipotentes, son seres que creen estar caminando más alto de la tierra, que son seres celestiales, pero como las cosas materiales pocas veces duran toda la vida y mucho más rápido se diluyen cuando la fama y el poder son el escudo que el mismo ser ha creado para creer que pertenecen a otro mundo superior, entonces viene un flagelo que debemos resaltar y es la impotencia o incapacidad para posesionarse de nuevo entre los famosos. Prosigue un rechazo social y el reconocimiento que la fama es para los famosos y no para los ex famosos, como dice el disco llamado Yira propio para nuestra sociedad latina, verás que todo es mentira. Esa realidad que deben enfrentar en muchos casos los famosos, se convierte en una fantasía y un sueño pasado para conducir a otro desencanto por la vida, pues perder cuando se tiene, conduce a emplear toda la energía y concentración en lo perdido olvidando que la vida en su caminar está mostrando otras rutas al Buen Vivir y la más especial de ellas es la espiritualidad entendida como la humanización del ser humano con los demás seres y con la tierra.

La fama debe interpretarse como sinónimo de éxito, la fama es el camino de la vida que conduce al fortalecimiento, encanto y respeto por mi vida, por la vida de los otros y la relación vida-tierra; la fama es para los grandes que aman la vida.

LA VIDA Y LA CONVIVENCIA

Cuando escuché a una señora, en conversación con su hija, que la convivencia era muy difícil, me pregunté de nuevo qué significa convivencia y esto pienso ahora. La convivencia es una acto de voluntades para entenderse entre unos y otros, pero debo agregar algo muy importante para completar mi definición. La convivencia debe involucrar el significado de la vida para en conjunto lograr la amistad y respeto de seres vivos y humanos.

A través de los años entendí que las cosas materiales tienen valor en la medida que las comparto con otros seres humanos, entendí que tener los libros organizados en orden alfabético por autores, es lo mismo que tenerlos entrecalados o en desorden, entendí que mi orden es un desorden para los demás y el desorden trae también cosas interesantes que aprender. He podido entender a Darío Botero Uribe cuando mezcla la razón y la no razón, comprendí que discutir por tonterías no valía la pena, pues el amor construye, el amor enseña, el amor no compromete y la convivencia debe ser algo simple.

Me pregunto por qué tantas familias no logran una convivencia armoniosa, por qué los matrimonios tardan en acoplarse, por qué los hijos y los padres encuentran, a través de los años, resistencia a convivir y por qué la convivencia o mejor la falta de convivencia conlleva a los seres humanos a tomar decisiones catastróficas sobre la vida.

Pienso sobre esto y mucho más, la causa o la respuesta es simple no nos permitimos ser humanos. Algunos seres quieren resaltar su egoísmo sin voluntad para permitir una negociación y encontrar felicidad, hay muchas ocasiones que poco o nada nos queremos y por esta razón hacemos difícil la convivencia y cuando manifiesto que poco o nada nos queremos significa que al rechazar la convivencia con un ser, me estoy diciendo a mi mismo que estoy mejor aislado.

Los seres humanos podemos ser felices o infelices, la responsabilidad está en uno y la convivencia debería ser lo más elemental de ella, lo más simple y lo más agradable.

Todavía me pregunto ¿cómo es posible que existan parejas que determinen estar enojados por una crema dental sin tapa, por una camisa sobre la silla, por unos zapatos debajo del sofá?; la vida corre, mis decisiones y mis determinaciones están sujetas a mi felicidad, un día que dejé de manifestarle mi sentimiento a un ser querido es un periodo de tiempo eterno que me niego a ser feliz. Para Eugenia Trigo lo que haga debe hacerme sentir feliz y alegre y no malgastar mi alegría. La convivencia como acto elemental de la vida debe ser una risa permanente, una armonía para olvidar y la alegría de poder vivir.

Convivir debe ser un acto donde aceptemos a los demás como son, no como yo quiero que sean, es apoyar a los demás con aprecio y respeto, es la manera de compartir sin interés personal y sin desprecio.

LA VIDA Y LA EDUCACIÓN

Para mi tesis de maestría, muy sutilmente quise expresar que la vida era completa desde la academia cuando incluimos el manual de Carreño, el catecismo del padre Astete y la cartilla de Nacho Lee. Quise demostrar con esto, en este escrito, que era una educación suficiente para vivir una vida encaminada al Buen Vivir y estos tres textos permiten al ser lograr la humanización, la sensibilización, el amor por la vida, la tierra y el cariño por lo que nos rodea.

Si nos permitimos un análisis a través del tiempo, los investigadores han tratado de explorar la luna y otros planetas y uno de los muchos objetivos es habitarlo ya que la tierra ha sufrido un intento de dominio y destrucción por muchos gobernantes y habitantes, que a pesar de su nivel de formación, no educativo, buscan el dominio de territorios con las armas nucleares, armamento de largo alcance, destrucción ambiental, tala de bosques, guerras, asesinatos, drogas y mucho más.

He querido negarme a mi mismo una interpretación de la educación y la vida centrada en la frase la educación proporciona al ser herramientas para la autonomía y su independencia social . ¿Por qué? Porque la educación ha considerado de mayor importancia la ciencia, la historia, la matemática, las lenguas extranjeras, pero la educación no provoca, ni genera entusiasmos para que el ser humano comprenda que la vida tiene caminos para construir vida y encantos por ella.

La educación generalmente ha tomado fuerza gracias a la oferta y la demanda, cada persona busca orientación profesional que le ermita actuar p en el medio competitivo; hoy, socialmente, la competencia en el desempeño profesional es una evidencia

Pero no dejemos pasar por alto en la educación el tema de la escuela pública. Gaudencio Frigotto[3] (2009) refiriéndose a un diputado brasilero pregunta ¿cómo sería la escuela pública si los hijos de los políticos e hijos de funcionarios públicos estudiaran en ella? Yo, retomaría las palabras de Leonardo Boff para decir que la escuela pública y sus instalaciones físicas no hacen parte del Buen Vivir, además la mayoría de los maestros, en los últimos cincuenta años, han propiciado desencanto por la escuela, manifiestan su descontento por un pago o unas prestaciones. En Colombia ninguno o muy pocos grupos de maestros funcionarios del Estado ha tratado de convertir su Institución en la mejor Institución del ~~país para~~ exigir la dignidad por la vida.

---

3 Educador brasilero, a quien tuve la oportunidad de entrevistar para mi tesis doctoral en el año 2009.

Es necesario una escuela que contemple al ser humano como esencia de la vida, unas temáticas que le permitan al niño sentir felicidad por ir a la Institución, una planta física en que padres e hijos quieran estar en ella, un maestro provocador de vida que comparta una forma de pensar en libertad mental y espiritual, enseñar a la persona en una escuela emancipadora a ser más, no simples espectadores de la vida.

Me sucedió al respecto una experiencia particular: me encontraba en la ciudad de Cali, Colombia y salí de mi casa a las cinco y media de la mañana. Allí en portería me encontré cuatro niños entre los 9 y 12 años y les pregunté ¿ qué hacen tan temprano levantados? Ellos respondieron vamos a la escuela . Mi reflexión fue la siguiente: si los niños estaban de pie a las cinco y media de la mañana debieron levantarse a las cuatro y media; pensar que debamos despertar a un niño a esa hora, ese mero hecho produce tedio y aburrimiento. Viene otro factor, la escuela presiona ¿cómo? Tareas, trabajos, la enorme presión de las notas, la competencia con los compañeros y mucho más. Y, la familia es otra presión para el niño: si no hizo las tareas no sale, si no estudió no va al paseo , como perdió una materia está castigado.

Viene con los años el Examen de Estado, los obstáculos para el ingreso a la universidad, la falta de oportunidades del Estado y una serie de situaciones alarmantes para la vida.

He pensado que la educación debe ser una relación de amistad y cariño donde maestro-alumno compartan como madre-hijo, donde se fortalezca el amor por la vida, donde enseñemos a pensar a las personas, donde se genere esperanza y alegría acompañada de valores.

LA VIDA Y EL ABUSO

El abuso es una actitud del ser humano que conlleva a un acto desagradable para sí y otros seres humanos. El abuso es una acción injusta, impropia, indebida e inadecuada. El ser humano, en su proceso de vida, actúa bajo parámetros y procedimientos sociales, familiares y escolares para encontrar agrado, pero el mismo actúa en muchos casos de manera abusiva consigo mismo, en ocasiones por tiempo, por desespero, por agradar a otras personas o por una paga. Cuando los seres humanos comprendemos que la vida debe ser agrado y lo que haga en ella debe satisfacernos, comprendemos que cada vez que abusamos de nosotros mismos, nos conduce a caminos no satisfactorios y la vida de esta manera es inapropiada. Es el mismo ser humano quien complica su felicidad a través del abuso, además genera un ambiente malsano para las personas que conviven con ella.

En el camino de los ejemplos encontramos aquellos que, con o sin justificación, laboran hasta veinte horas diarias, su alimentación es poco sana, creen que la juventud perdurarará y permanecen ingiriendo licor o drogas.

Algunas personas suelen llevar una vida de presión y excesivo trabajo, se autocastigan laboral y socialmente, creen que la vida llega a su fin y es necesario realizar las tareas cueste lo que cueste y/o provocar esa misma presión en otros. Para Fromm (2006) algunas personas tratan de ahorrar el tiempo para malgastarlo en otras cosas y, de esta manera, la constante sobre la importancia de vivir bien y del buen vivir está ausente.

Este tipo de abuso es común del hombre con la tierra o mejor contra la tierra, derrochamos recursos, irrespetamos la vida, mal utilizamos la naturaleza, sobreexplotamos los recursos naturales, desperdiciamos el agua, etc. La vida no es para estar abusando, debo comprender mi propia vida y la del contexto, aspectos estos necesarios para habitar el planeta.

El abuso es un camino de cansancio en y por la vida, es un camino que conduce a la pérdida de la subjetividad, es provocar un estado enfermizo con carencia de fuerza y disminución de los sentidos. Cuando pienso en el abuso, debo referenciar a quienes viven en países desarrollados y la pasan laborando tres cuartas partes del día, por seis días a la semana y el séptimo día recurren al descanso con la convicción de recuperar la semana.

Hay quienes se gastan la vida tratando de conseguir dinero, pero en muchos casos no logran recuperar la salud perdida por el abuso y la exigencia hechas a su cuerpo con cargas de trabajo extenuantes, para luego gastarse el dinero tratando de conseguir la salud perdida.

Es por este motivo que quisiera recurrir a aquellas personas que no han comprendido que el éxito del orden, es no desordenar, que no vale la pena malgastar la noche en ordenar, si esto se convierte en un abuso para la salud y la vida. Es necesario ordenar primero la mente y el cuerpo para mantener limpia la casa, el jardín y el prado.

Guillermo Rojas Quiceno

LA VIDA Y LA ALIMENTACION

El afán por realizar las cosas, por desplazarnos, por conseguir bienes, por adquirir con qué suplir las necesidades básicas, nos hace olvidar, en muchas oportunidades, la importancia de la alimentación. Pero aquí no termina todo, la vida agitada a que estamos expuestos nos conduce a utilizar alimentos inadecuados, electrodomésticos que facilitan la preparación de los alimentos pero que logran que estos pierdan sus propiedades. Cuando se les hace ver los inconvenientes, la gente utiliza una frase de cajón de algo nos tenemos que morir.

Escuchamos a muchas personas refiriéndose a la buena vida, a la alimentación y el buen dormir como algo esencial para el goce por la vida, otros trabajan para tener una buena alimentación y otros tienen como hobby la alimentación; incluso hay congresos gastronómicos para aquellos que ven en la alimentación algo más satisfactorio que comer, es un estilo de vida.

Me pregunto, si el propósito de cada ser humano es conservar buena salud para un Buen Vivir ¿por qué en el momento de alimentarnos nos tenemos que sacrificar?, ¿por qué el tiempo se reduce, en el momento más importante? La respuesta parece simple, puede ser porque nuestra vida está llena de sacrificios, consideramos que hay cosas más significativas que una alimentación adecuada, pero ante todo que lo nuestro puede esperar.

Me decía un amigo en Italia, q ue lástima que ya no pueda comer de todo, que lástima que ya mi organismo no resiste la variada alimentación, daría lo que fuera por comerme un plato de pasta.

HISTORIA DE LA VIDA

¿Qué es la vida? La respuesta, ciertamente, es difícil, mas cuando observo todo totalmente oscuro, tras el suicidio de mi hijo y la muerte del ser que cuidó tiernamente de mis hermanos y de mí, ese ser maravilloso que siempre gozaba de una linda sonrisa a pesar de las batallas por vivir, esa tierna mujer llamada madre.

Pese a ello, trataré de realizar rupturas mentales y emocioales, con el fin de observarme y mirar desafíos y dilemas, ilusiones, amor en la vida, el bienestar como analgésico, la misión, los valores, el ser y el deber, el equilibrio, la actitud y el sufrimiento, el sentimiento, la felicidad, la igualdad y la vida como praxis, el acto de vivir, el dolor y el placer, la soledad, la impotencia, las necesidades, la dignidad, valor y bondad. Todo porque cada ser humano tiene un concepto personal sobre la vida y su opinión depende de su mirada propia, de lo vivido y de los sentimientos.

Por ejemplo, Frankl (1957) afirma que la vida no es un fin sino un medio y Darío Botero (2002: 55) la define como la fuerza organizativa de la naturaleza, es vigor, energía, existencia, ánimo de persistir . Bally (1972) estima que en la vida debe existir una consciencia de vivir y de la voluntad de vivir, por eso resalta el sentido vital que llevamos nosotros mismos. Para mí, en todo caso, la vida es un interactuar en la existencia humana y su definición podría ser como la actitud y voluntad que responsablemente tiene un ser de hacer placentera la existencia. Quizá podamos definir la vida a través de la existencia o al menos en el espacio y tiempo que compartimos en este escrito.

Así las cosas, podemos empezar por ver que si bien los seres humanos hablamos de la consciencia de vivir y la vivencia de las emociones, del deseo y la permanencia en la existencia humana, cada vez que nos miremos al espejo estaremos viendo al responsable de la felicidad.

De otro lado encontramos a los sujetos que olvidan la importancia de la existencia, del construir un mundo intercultural, del valor por la condición humana y de lo relevante de conducirnos por caminos apropiados, es decir, vivir la vida podría ser cosa de actitud.

Suele suceder que el ser humano construye objetivos e ilusiones, a veces inalcanzables en tanto no se dimensiona el tiempo y espacio para lograrlos o por falta de procedimientos para que se materialicen. Por todo ello, el ser humano tiende a encontrar en la vida lo que Frankl (1957) ha denominado el vació existencial entre los sujetos, la falta de sentido y carencia de ilusiones y objetivos, lo cual puede hacer más difícil el recorrido en la existencia.

No obstante, la vida humana lleva consigo algo esencial: el amor. Y aunque para algunos sujetos el amor no existe y para otros es la interpretación de una configuración de una relacion, lo cierto es que el amor, tal como lo expresa Víctor Frankl desde una perspectiva psicoanalista y estructuralista, es un fenómeno primordial de la existencia humana, pues parece alimentar y fortalecer los ideales vistos como la forma de la supervivencia.

LA VIDA Y EL ENGAÑO EN EL AMOR

Cuando los seres humanos se acercan a cierta edad, creen que aceptar muchas propuestas amorosas o cariñosas son parte esencial de la vida, que mostrar los logros amorosos sin importar el daño que se pueda hacer a las personas que los rodean, es un gran ejercicio. Los seres pasan etapas donde sólo importa el placer y goce personal y ven a los demás seres como un objeto simple sin sentimientos. De allí las lágrimas, angustias y tristezas que algunos seres humanos provocamos sobre otros, así como la burla y el engaño que logra hacer que otros seres crean en ese sentimiento que al final sólo provoca desengaño.

Lo cierto es que hacer creer engañosamente a otra persona que la amamos, es desconocer nuestra existencia, desconocer que somos humanos. Por eso es necesario comprender que el sentimiento no es un juego, se debe amar y corresponder y cuando no exista amor se debe tener la franqueza de no alimentar ilusiones falsas, pues solo genera tristeza, dolor, desilusión, odio, envidia, resentimiento, depresión y hasta la muerte.

Las heridas de un engaño se dejan en el corazón de cualquier persona, son cicatrices imborrables que se asemejan a las de un árbol cuando clavamos puntillas y luego las retiramos, de esa forma se destruyen sueños y se conduce a la depresión que finaliza en desencanto por la vida, en desconfianza y melancolía.

LA VIDA Y CÓMO CONECTARME CON ELLA

Es necesario hacer una pregunta: ¿están los seres humanos conectados con la vida? Cuando algunas personas se refieren a otras como zombis o muertos que caminan, es porque parece que sólo respiran. Esas personas que no perciben la vida como algo valioso, tampoco logran observar con facilidad la belleza de un cielo cubierto de espesas nubes o un cielo despejado, un día lluvioso o un día soleado, igual de hermosos, como se quiera ver. Algunos viven en una distracción del mundo, tan inmensa, que no sienten cuando la vida les pasa, parece como si lo más importante fuera lo concreto, lo que hay que hacer en el momento.

Es lamentable ver seres humanos que no se percatan de lo simple de la vida, su mirada está fija en lo particular y no en lo esencial, no existe una conscientización de la vida y prefieren que los días pasen tan rápido que no se sienta que están vivos. Estas personas pasan desapercibidos los detalles amorosos y tiernos, y además contagian a quienes comparten con ella o él, y la vida va poco a poco y rutinariamente perdiendo su sentido. Pero aquí ya no es una sola persona que marcha por otro carril, es una familia y la vencedora es la rutina.

Es por eso que para que una persona pueda conectarse con la vida debe realizar un alto en el camino, proponerse voluntad, sentir afectivamente la necesidad de cambio y apreciar con los sentidos su entorno, dando miradas positivas. Dentro de las cosas esenciales para conectarse con la vida está precisamente el amor en toda su dimensión, como la oportunidad que cada ser se brinda para abrir espacios, puertas, ventanas y rendijas de su corazón, en la interpretación sana de lo que sucede en el medio que vive, labora, se divierte, pero también donde se ha sentido triste (Fromm 1988).

Conectarse con la vida es un despertar a una realidad vista con esperanza, ilusión y fraternidad; es darse una nueva oportunidad para sentir y vivir cada instante, pero ante todo para hacer sentir la vida a quienes nos acompañan en este recorrido por el mundo.

LA VIDA Y LO QUE DEJAMOS PASAR

Lo que pasa en la vida de cada persona se convierte en simples recuerdos, el tiempo transcurre y no es posible recuperarlo, y en ese camino dejamos familia, amigos y personas con las que no alcanzamos a compartir. Lo curioso es que normalmente desperdiciamos momentos que pueden ser valiosos para su alimento espiritual y una buena relación.

Ciertamente, lo que se deja pasar tiene un origen en lo distraídos que estamos en la vida y de la vida, lo peor es que muchas veces no alcanzamos siquiera a darnos cuenta de lo que pasó, es como si viviéramos inconscientes en un periodo de tiempo o aislados del mundo.

De hecho, aquellos golpes que recibimos en la vida nos toman por sorpresa, pues vivimos soñando con el mundo ideal, perdiendo de vista la realidad inmediata. Así, el ser humano empieza a forzar el destino y olvida la importancia de otras cosas que también deja pasar, lo cual casi siempre lleva a decir y sentir que la vida es una desgracia. Todo, entonces, se convierte en tragedia y caos.

Las oportunidades de la vida son el reflejo de aquello que dejamos pasar; la frase amorosa que no expresamos al ser que amamos; el abrazo cariñoso a nuestros parientes; el sentimiento manifiesto a un hijo; las palabras de ánimo a un amigo y el agradecer a Dios por las cosas maravillosas que nos proporciona.

LA VIDA Y LO QUE SOMOS CAPACES DE DAR

¿Dependiendo de lo que nos den?

La vida a través de la experiencia y la vivencia de los seres humanos, en ocasiones no permite que se vea lo que los demás seres humanos hacen, muchas de estas y otras veces se ve de forma crítica y sin compasión.

Los seres humanos tienen la capacidad de dar lo que su corazón le permite dar y a quien considera merecedor, pero en este caso particular el sistema y la cultura en que se desarrollan los pueblos, han motivado una forma de actuar que impide al ser su acción en el momento de dar; al contrario, el pensamiento actual es: pide la recompensa.

Debo recurrir a ejemplos de la vida para describir este proceso humano y natural. Históricamente no he conocido un sindicato en el momento de una negociación colectiva decir: é ste es el pliego de lo que nosotros vamos a dar a la empresa este año; nunca he escuchado que los maestros de la escuela pública digan: nuestra escuela es la mejor del país y la más bonita, así el gobierno no nos incentive ; nunca he escuchado a un presidente de una nación pronunciar: c omo en esta democracia la minoría domina a la mayoría, entonces los invito a un consenso; y cuando de amor se trata, normalmente el uno dice del otro: como el no es expresivo, yo tampoco; también es común escuchar: c omo él no me quiere yo tampoco; y cuando en el amor hay engaño, lo que se escucha es: y yo tan tonta que fui al darle tanto amor y cariño . Es decir, con una mano damos y la otra la estiramos para recibir, pero si no recibimos, no damos.

La vida es una oportunidad para dar, es un camino para ofrecer y brindar a los demás, los detalles simples que ayudan a los otros seres a crecer, a ser humanos y sinceros; la vida es la oportunidad para recorrer espacios y llenar vacíos de los corazones de las personas que nos rodean, dar es una virtud.

Dar es llenar nuestro corazón de la alegría que las cosas materiales no logran colmar, es sentir que se puede ser útil en el buen sentido de la palabra para el Buen Vivir.

Me he encontrado en mis conferencias con personas que al salir me expresan con alegría he recibido lo que necesitaba, ahora me voy tan tranquila, esto significa que dar no es regalar solo cosas materiales, es expresar para generar paz.

LA VIDA Y CÓMO VENGO AL MUNDO

Cuando un ser humano viene al mundo con ausencia de una parte de su cuerpo, normalmente la pregunta es: ¿por qué? Algunos seres pasan toda su vida interrogándose sin encontrar solución alguna o una respuesta que satisfaga su inquietud.

Es en estos momentos donde puede suceder lo que señala Fromm (1992): el individuo profundamente desengañado o desilusionado puede empezar a odiar la vida. Asimismo, aquellos que se pasan la vida, tristes, ejercen una fijación permanente y continua sobre el acontecimiento, olvidando la pregunta ¿con qué fin me está sucediendo esto?

Ese para qué, es una acción humana que se comporta como juegos pirotécnicos que se expanden en el cielo dando luces y esperanzas.

De esa forma las discapacidades pueden ser aprovechadas para desarrollar potencialidades y proyectarse al mundo y de hecho existen seres humanos que han logrado desarrollar diferentes habilidades con lo que son[4].

La discapacidad física viene con traumatismos sociales a la familia, es la fijación y preocupación de los seres que rodean al discapacitado, mientras el discapacitado pregunta papi ¿cuando yo sea grande me crecerá el pie?. Mientras tanto ese ser humano que sufre la discapacidad ignora lo que le espera en el mundo, pero logra superar cualquier obstáculo, vive la vida con valor y voluntad, y aunque la actitud de los padres puede ser

---

4 Un ejemplo de ello lo observé en un programa televisivo que mostró cuando un niño nació sin ojos por causa de un medicamento. Aunque los padres sufrieron la angustia propia de los humanos, el niño fue desarrollando por sí solo la habilidad de interpretar el piano. Es así como el niño siempre logró trascender en la vida.

contraria, siempre hay esperanza y fe en los logros para superar estos impases. Ese discapacitado además de superar cualquier circunstancia, supera la burla de los otros, supera el obstáculo que la sociedad tiende y sobrepasa su discapacidad.

Lo más duro y complejo de las discapacidades puede ser el momento en que los niños de forma natural y desprevenida preguntan por la ausencia del órgano; también cuando el joven utiliza apodos para llamar a quien padece la discapacidad y burlarse de él. Es aquí donde los seres que rodean al discapacitado, deben proporcionar todo el apoyo y comprensión, aunque ello sea difícil y doloroso.

Recuerdo en tiempos que trabajé con la industria, un caso particular; se trata de una compañía donde contrataban invidentes y en algún momento se sintió la fábrica en silencio, las máquinas no sonaban y un invidente le pregunta a su jefe ¿ jefe se fue la energía?, y el jefe le pregunta ¿ por qué? , y él responde, porque no veo nada.

Esa es una forma de ver la vida y las oportunidades para obtener alegría, en aquellas personas que el destino marcó con el mal llamado discapacidad. Pero no se trata de llenarlos de melancolía y tristezas, se trata de mostrarles las cualidades para que las desarrollen con amor por la vida.

En el cumpleaños de mi sobrino José pude observar a un joven de quince o diez y seis años sin su mano derecha, que me produjo lágrimas y angustia, pero cuando mi sobrino me lo presentó, mi rostro cambió totalmente al encontrarme a un joven feliz, jovial, jocoso y tomador de pelo. Me contaban que le regalaron una mano mecánica y todos le vitoreaban al verlo con la mano nueva y él decía yo estoy sin una mano y debo vivir así y soy feliz. Son ejemplos de vida que nos ponen a reflexionar sobre nuestro propio existir.

Guillermo Rojas Quiceno

LA VIDA, CUANDO EL SER HUMANO BUSCA FELICIDAD

La búsqueda de la felicidad, en ocasiones, está compuesta de sacrificios, esfuerzos, sufrimiento, persistencia y concentración en la meta trazada. La felicidad puede estar más cerca de lo que creemos.

La felicidad es un estado de la persona que es alcanzado una vez comprenda que la vida debe ser un motivo de esa felicidad; cuando observe que los pequeños detalles nos fortalecen; cuando valore cada actuación frente a los demás; cuando al apreciar lo que tengo asuma que eso es motivo de felicidad; la felicidad no está lejos, está en todo lo que hacemos y soñamos.

No obstante, muchas veces confundimos la felicidad y pensamos que debemos hallarla en lugares recónditos, creemos que la felicidad está como la sortijita en el baúl de la abuelita, pero lo peor que puede suceder es seguir creyendo que debemos partir a otros mundos para redescubrir la felicidad. Me contaba una persona cercana que pasó muchos años en el exterior y desde allí cubría económicamente las necesidades de sus hijos; ellos aprovecharon la oportunidad y salieron adelante, fueron triunfos en la ausencia de una madre, esa madre seguía luchando porque algún día se reuniría con su esposo y familia pero no sabían que el destino les jugaría una mala pasada; ella falleció poco antes de regresar a su hogar.

En esta historia no estoy seguro si hubo felicidad, pero lo que si estoy seguro es que la partida al exterior de la madre contemplaba el regreso para alcanzar la felicidad. Sigo pensando que hemos construido ideas de que el dinero y logros materiales es la felicidad verdadera.

Cada día evidenciamos una serie de paradojas, pues el ser buscando una determinada situación, pierde muchas veces lo que tiene; es decir, no se percata de que ya tiene la felicidad en las manos y la deja escapar por asuntos como el económico que, bien sabemos, hoy en día nos atrapa completamente. Así las cosas, la felicidad es buscada desesperadamente, pero, algunas personas, se olvidan que esa felicidad anhelada está con nosotros.

La humanidad parece no entender el significado de felicidad, tampoco sabe o es capaz de ser feliz cuando busca la felicidad, siempre postergada para el mañana. Sin embargo, es posible interpretar la felicidad como el final de los deseos, en el fin de las cosas, pues los sacrificios para buscarla son tan intensos, que ello parece no importar.

Para Russell (2007: 203) el hombre feliz es el que vive objetivamente, el que es libre en sus efectos y tiene amplios intereses, el que se asegura la felicidad por medio de estos intereses y afectos que, a su vez, le convierte a él en objeto del interés y el afecto de otros muchos.

Es cierto que en ocasiones las cosas no se nos dan de acuerdo a lo planeado, es cierto que existen épocas difíciles que desestabilizan lo económico, social, el hogar, la familia y hasta el propio sentimiento y no comprendemos la necesidad de hacer un alto en el camino para asegurar la felicidad que tenemos, esa felicidad en lo simple. Recordemos que la felicidad no es sinónimo de complejo o de sufrimiento, al contrario, la felicidad debe ser el acto humano y sencillo de agrado, satisfacción y alegría.

Por momentos dejamos o nos negamos a ser felices debido a la distracción del sistema y la falta de concentración del mismo ser. Pero la felicidad no es un escalón donde el sacrificio debe jugar un papel, tampoco debe ser el camino para buscar más felicidad.

Esa búsqueda, es claro, no permite aplazamientos, la vida es un pequeño destello que dura poco, el tiempo no perdona, tampoco es acumulable, así que es necesario pensar que la felicidad está en lo que yo quiera generar a través de mi consciencia, pero la felicidad no puede depender de cosas externas y materiales.

LA VIDA Y LA LIBERTAD

El ser humano en su afán de encontrar éxito en sus actividades diarias, olvida la necesidad de su libertad en cada acción, de actuar con consciencia y despojado de aquello que no le permite ser él mismo, ser auténtico y lograr pensar para actuar sin obstáculos.

Generalmente las personas condicionan su actuar y sus acciones al lugar donde viven, trabajan, en el medio que se desenvuelven y crean un mundo finito, un mundo cerrado y su libertad está también condicionada a lo que pueda hacer, por lo tanto no puede ser lo que ha soñado.

Para Freire (1971: 20) la libertad es una conquista, no una donación, pues exige una permanente búsqueda que sólo existe en el acto responsable de quien la hace . Considero que la libertad es una condición humana que cada ser puede aceptar y provocar en su actuar, es el medio para ver la vida en todo su contexto y construir ideales, es el reconocimiento en el camino a la construcción de caminos al bien común.

La libertad no es sólo aquella que da el reconocimiento de estar fuera de una prisión, sino la que se ejerce en la toma de decisiones, la que se encuentra lejos de las dependencias, la que permite hacer y llegar a ser lo que se desea en un buen sentido, la que no coarta y deja amar sin esperar un pago, con la que se puede reír y llorar, gritar y callar, y despertar la voluntad propia para ser yo mismo.

La libertad, para unos, puede ser el acto de hacer lo que se quiera por encima de la ética, la moral y la ley; o creer que son capaces y que hacen las cosas por verlas únicamente. Ese término de libertad es complejo desde la perspectiva de quien cree entender y no lo entiende. Pero para otros, libertad es la manera de lograr cambios en su mente reconociendo los errores que lo han acompañado, la libertad es una virtud que logran aquellos que actúan despojándose de creencias para tomar nuevas posturas y actuar sin dependencias para agrado de la vida.

Por todo ello la libertad no tiene precio, aunque lo cierto es que la valoramos sólo cuando la perdemos. De allí que sea válido preguntarse: ¿por qué queremos impedirle la libertad a quienes dependen de nosotros? Esa pregunta pone en riesgos porque cada término y cada significado dependen de quien lo observa y en ocasiones las personas no logran darse cuenta que están quitando la libertad a la otra persona. Por esto el ser humano debe tomar posturas y tratar en cada acción consciente reconocer lo que está haciendo

Hay enamorados que ignoran la libertad y son gestores de esos amores dependientes tan dañinos, que no le permiten ser, al otro, ellos mismos. Hay amores que son convertidos en un verdadero calvario, seres con grandes impedimentos y nada de autonomía, son aquellos que con el tiempo no logran conocer la felicidad. La vida es un verdadero caos.

Guillermo Rojas Quiceno

LA VIDA Y LAS PRESIONES COMPETITIVAS

Comparo a veces la vida con el ingreso al tren en la gran central de New York en horarios de congestión: ruidos, gritos, zozobra, afán, cansancio, desespero. En medio de todo ese barullo, sin embargo, siempre hay muchas salidas y entradas de miles y miles de personas para tomar el tren que lo lleva al lugar deseado; y, mientras se llega, el mundo nos exige preparación, una preparación que hoy se ha vuelto más competitiva.

De hecho, la educación o la formación nos pone a pensar en resultados, la familia presiona por logros, la sociedad exige y produce obstáculos y presiones, la edad y los días cuestionan, y los logros materiales obtenidos son un premio para mostrar y exhibir la capacidad; es decir, lo tangible se vuelve más notorio e importante que lo intangible.

Lastimosamente, las

competencias no son equitativas, pues, por ejemplo, los jóvenes y adolescentes no reciben oportunidades del Estado y por eso, ante las vicisitudes que puedan presentarse, se ven obligados a responder de tal forma, que no satisfacen escolar, social, ni familiarmente. Y todo ello empieza a verse como fracaso y dificultades de vida tanto por el joven como por los demás miembros de la sociedad.

Por lo tanto, en estos procesos de la vida, es necesario generar confianza en los hijos desde temprana edad; es preciso motivarlos para disfrutar más el intento por hacer las cosas, que por el mismo logro; es también importante realizar una estructuración familiar por el encanto por la vida que le permita entender que los resultados no son sólo la satisfacción, que los intentos son para disfrutarlos, pero ante todo enseñar a quienes están a nuestro alrededor que se debe aprender a disfrutar cada acción.

Los hombres y mujeres debemos recordar nuestras vivencias sin querer o pretender evitarles a los hijos momentos difíciles en la vida, o que ellos repitan o eviten momentos como los que hemos vivido. La presión social, política, educativa y familiar es algo que no podemos evitar y mucho menos cambiar.

Nuestros hijos deben ser actores activos en la vida pero con mecanismos de aprendizaje que les permita un buen comportamiento ético-político en armonía con el otro, los otros y el cosmos, para que así les permita humanamente sopesar y llevar esa presión con sutileza y calma.

Las estructuras formativas no deben tener la rigidez que imposibilite actuar a una persona o que impida al joven ser creativo; al contrario, deben ser dinámicas, deben generar creatividad y lucidez en ellos, aunque no salgan triunfantes, pues lo importante es intentar algo en la vida y correr riesgos.

No podemos tapar la realidad a nuestros hijos con un mundo de fantasía, un mundo imaginario y de mentiras, ese mundo de complacencia, de darles sin ningún esfuerzo más de lo que pueden percibir, ese mundo de opulencia que los lleva al desencanto en las dificultades o al odio hacia los padres por no enseñar la realidad que debemos vivir, son actos que el niño, el joven y el adulto descubren con el transcurrir del tiempo cuando se dan cuenta que el mundo y el sistema es competitivo.

LA VIDA Y LA FAMILIA

La familia ha sido parte de la conformación del Estado y de la sociedad, en tanto, según Boff (2005), es un proyecto de creación de nuevos modelos de convivencia. La familia actúa ante la sociedad de acuerdo a la cosmovisión, como el medio provocador de ejemplo; la familia es el apoyo social y espiritual que una sociedad necesita.

Los seres humanos debemos ver la conformación de la familia como el camino a la felicidad, por medio de la formación de los hijos y la paz entre todos. Y así, como la Sagrada Familia de Nazaret, buscar caminos en el proceso de la espiritualidad, del buen ejemplo, resaltando la imagen materna, imagen paterna y el papel que juegan los hijos en la vida de pareja. No cabe duda que todo ello y la unión de familia soportada en la tolerancia y convivencia, logra que los hijos y padres establezcan relaciones de apegos para vivir y fuerzas para unir.

Sin embargo, la ausencia de uno de los miembros de la familia, parece desconfigurar un soporte emocional, educativo y amoroso, cambia condicional y emocionalmente el estado de la misma, de forma imperceptible, por lo que en esas condiciones vale la pena mantener un diálogo de amistad permanente con los hijos y sus amigos, romper definitivamente el orgullo para entender (madre y padre) lo que sucede con ellos, hacer lecturas corporales y de pensamiento de los hijos, asumir el papel de los hijos de tal forma que logren s entir lo que ellos sienten para una mutua y mejor comprensión.

Así que, tristemente, la ausencia del padre o de la madre en los procesos de la vida causa un vacío social y espiritual, vacío que se trata de ocultar con otros seres o con cosas materiales. Teniendo en cuenta lo anterior, es preciso que la familia, esté bien conformada y, si por algún motivo, se presenta ausencia de alguno de los del grupo familiar, prevalezca la unión, pues muchas familias han logrado así luchar y superar dificultades con mayor facilidad, evitando que la ausencia genere dificultades sociales y vacíos existenciales en los hijos.

He propuesto que las familias deben jugar con frecuencia y compartir la lúdica, por esto el juego que a continuación describo, anhelo que lo practiquen sin temor. Consiste en que estén presentes todos los miembros de la familia por un periodo prudente de una hora aproximadamente, de entre los miembros se escoja un candidato que será actor pasivo, ese actor interpretará el papel de un muerto, con la diferencia que éste estará atento y escuchará cada palabra que le manifiesten. Los demás miembros de la familia se harán alrededor de ese actor y uno a uno le expresará sin vergüenza el sentimiento que tiene hacia él. Luego se cambiarán los papeles y así, sucesivamente uno a uno interpretará el papel de muerto, pero muy atento a las palabras.

Este ejercicio nos podrá ayudar a expresar con verdadero sentimiento aquello que quizás no he podido hacer, aquello que me nace, en momentos de angustia, al saber que ya no podré decir, porque la persona se ha ido. Es necesario que los seres humanos liberemos nuestras palabras y sentimientos para contarle a nuestra familia el amor que existe.

LA VIDA Y LOS HIJOS

Los seres humanos trazamos

destinos propios y los construimos con horizontes de felicidad, alegría y acompañamiento para la vida. En esa construcción de cada vida somos autónomos para seleccionar quién será la pareja con la que compartiremos el fruto de la relación, los hijos, quienes también entran a hacer parte de nuestra existencia.

Los hijos, de hecho, pueden llegar a ser ese bastón[5], ese apoyo necesario, la compañía para el mañana, los herederos, la fortuna y prolongación de la existencia. Aún así, los hijos tienen su propia opinión y a medida que pasan los años la escuela y los amigos crean una independencia que le permite al hijo tomar posturas, agradecer con amor y ternura a los padres y se convierten en un verdadero tesoro, en un apoyo y una magnífica compañía. Otros hijos, sin embargo, ignoran la voluntad de los padres y construyen sus caminos independientes de ellos; y algunos

---

5 Elemento utilizado como apoyo o soporte.

más se avergüenzan y llegan a expresar el sentimiento incómodo de acompañar a sus padres.

En todo caso, es importante darnos cuenta que en la vida hay muchas actividades que tratan de llevarnos por otros caminos y no logramos entender la actuación de los hijos. Existen padres que dedican más tiempo a los amigos, a la diversión, al trabajo y luego se preguntan: ¿ por qué mi hijo (a) actúa así conmigo? La distracción de los padres no ha permitido dejarlos ver que los hijos (as) son el reflejo de nuestros actuaciones y actitudes, el amor de los hijos a la madre es un amor que en la mayoría de los casos es el fruto de la dedicación y esmero y el amor del padre debe ser ganado.

Ser buen hijo es una actitud del corazón, la misma actitud que la madre tiene cuando amamanta, arrulla y cuida a su pequeño, quien, en la medida que crezca, sabrá agradecer si se lo forma con amor, pues se sentirá pleno y podrá disfrutar la felicidad propia a partir de los actos. Esto porque para ser buen hijo no se trata de retribuir por compromiso o pagar lo que han hecho por uno, no es una actuación para que los demás lo valoren, ser buen hijo es ser responsable de su propia felicidad para hacer feliz a otros y mucho más a sus padres.

Generalmente la felicidad de los padres se obtiene respecto a los hijos, cuando estos hijos brillan con luz propia, cuando son honestos, luchadores y se esfuerzan por ser seres agradables.

LA VIDA Y LA CAPACIDAD DEL SUEÑO

El sueño[6] en las personas representa la oportunidad de descanso, de recuperar las energías utilizadas en múltiples actividades, la forma inocente de olvidar lo sucedido y las obligaciones que

---

6 Sueño como la capacidad de descanso.

demanda la vida; el sueño es un placer vivido y sentido por los seres humanos que revitalizan las actuaciones para manifestar alegría en el vivir.

Pero la carencia de sueño en la persona genera progresivamente trastornos en la forma de ser y actuar, así como choques intersubjetivos que pueden llegar a la pérdida de identidad, ocasionando desespero, intolerancia, falta de carácter y emocionalidad. De esa forma, la ausencia de sueño no sólo puede convertir el ser en esclavo de su presión, sino que puede generar desgastes físicos que con el tiempo se manifiestan en patológicas delicadas para la persona.

En todo caso quien no logra conciliar el sueño debe evitar caer en debilidades físicas y desencantos por vivir y mucho más controlar las dependencias, es necesario tratar de descubrir el motivo por el cual existe pérdida de sueño y la mejor forma de hacerlo es explorar el comportamiento propio para un diagnóstico aproximado a su realidad, pues si las personas se preocupan un poco más en conocerse[7] a sí mismos, seguramente podrán hacer reflexión y control sobre su cuerpo y sobre su propio sueño para seguir amando la vida como bien supremo. En el caso contrario, en aquellas personas que abusan del sueño esto se puede convertir en algo perjudicial, pues hacen de la persona alguien perezosa, rinde muy poco en lo laboral, se vuelve apático, aletargado y su vida se va apagando como una luz sin fuerza.

Cuando algunas madres manifiestan que el sueño de sus niños alimenta más que el mismo almuerzo, veo el sentido que estas palabras tienen, cuando no logro dormir. La ausencia de sueño me convierte en torpe, me aísla y no logro atender mis

---

[7] Los seres humanos utilizamos una frase con muchísima frecuencia: lo conozco mejor que la palma de mi mano, pero lo cierto es que a las pocas personas que le digo que dibuje su palma de la mano, ni siquiera sabe dibujar la mano.

responsabilidades.

LA VIDA Y EL ABURRIMIENTO

El aburrimiento es cansancio o fastidio causado generalmente por disgustos, molestias o no tener algo que lo divierta y distraiga; otros dirían que es una posición que toman las personas que los lleva a la monotonía en todo lo que hacen. El aburrimiento bloquea al ser con respecto a la alegría, es un flagelo que trata de descomponer a la apersona haciéndola triste, lo cual se refleja en su rostro y en su estado anímico que expresa cansancio, falta de fuerzas para vivir, sentir y apreciar, además de desencanto por todo y poco lo satisface.

Pese a ello, las personas son libres de seleccionar lo que quieren ser y hacer, la opción de divertirse con cualquier elemento está en cada quien. Si hay días de la semana que se tornan aburridos, es tal vez porque la persona idealiza ese día específico y lo toma para no hacer nada, para encerrarse o para hacer las labores del hogar. De tal suerte, las personas empiezan a desear que las horas pasen tan rápido como el viento, pero cuando estos días y los años pasan, se siente la necesidad de regresar atrás y quizás optimizar y disfrutar mejor el tiempo.

Entonces, ¿cómo evitar el aburrimiento? El ser humano no debe darse por derrotado, no debe sentir que está perdido y perdiendo, no debe temer a los acontecimientos de la vida, ya que son una oportunidad para arriesgarse, para encontrar, para sentir en qué es útil y sentir ante todo que en la vida se puede dar ejemplo desde lo básico y esencial, que la voluntad y el ánimo que se le ponga a las cosas fortalecen la vida, evitando que el aburrimiento se convierta en depresión o en el rincón de la vida de donde no se logra salir con facilidad. La persona que se aburre parece que carece de metas en la vida, pero también puede ser porque ha perdido el interés en hacer algo diferente.

Debo traer a referencia la actitud que viví por mucho tiempo: el día domingo para mí, era el día más tedioso que podía existir, pensar en que estaría todo el día estudiando, haciendo tareas y organizando mis cosas, era lo más espantoso. En la reflexión con el tiempo logré descubrir uno de los motivos por el cual me producía aburrimiento y fue que siempre consideré que ver televisión, cine o dormir era perder el tiempo. Pero pasó algo que acrecentó esos días aburridos y fue la partida a la vida eterna de mis seres queridos, olvidé por completo mis tareas, no me percaté de forzarme a realizar cosas agradables, en este día me encerré en mi propio mundo hasta llegar a pensar en la muerte.

Un día sucedió una de esas cosas agradables de la vida. Dialogaba con mi directora de tesis Eugenia Trigo y me puso de frente con la realidad, permitiéndome entender que salir un domingo no era perder el tiempo, que ver la película o dormir era necesario para el goce, pero ante todo me ilustró sobre los múltiples caminos de la vida para, con responsabilidad, vivirla con amor. Hoy los domingos para mí es la forma de dedicarme tiempo y entender que mi familia juega un papel importante en cada segundo vivido.

LA VIDA Y UN DOBLE SUICIDIO

Hoy martes dieciséis de marzo del dos mil diez, en un día aparentemente calmado, siendo las diez de la mañana, recibí una llamada de mi esposa, que me da la noticia de un suicidio, el suicidio de una amiga nuestra con un bello hogar. Ese hogar con las dificultades normales y naturales de la vida, con un hijo y formados en el camino de Dios. Pero en un momento de depresión ella toma la decisión de colgarse, quitándose así la vida.

Lo que realmente me llama la atención es que ella era una buena cristiana, entregada al amor de Cristo, era alegre y buena, trabajaba en USA y tenía a su familia. En ese momento llamé a mi hermana Nelsy y le conté lo que había sucedido, a lo que ella me responde, no, no puede ser, ella no es capaz de quitarse la vida, eso es imposible, ella no es capaz de hacerlo. No, no, no.

La depresión es un estado de inmersión de los seres humanos, donde se pierde la fuerza, la autoestima, el anhelo a las cosas de la vida, pero ante todo se pierde el sentido por la vida. La depresión es un enemigo oculto del ser humano que impide que él logre desarrollar sus buenas emociones, entristece y muestra con gran facilidad la vía al suicidio.

La mañana del día, fue triste y mucho más sabiendo que yo me he dedicado a la investigación del suicidio y la vida; no lo podía creer, para mí una noticia de suicidio es como si recibiera un golpe en la espalda con un bate de béisbol, un suicidio para mi es la noticia que nunca quisiera escuchar. En mis conferencias trato de mostrar cómo encontrar el encanto por la vida y demostrar que suicidarse no vale la pena.

Este mismo día fui a almorzar temprano, como no es mi costumbre, abracé a mi esposa y mis hijas y en un rinconcito de la sala, en el suelo sobre una espuma me acosté con ellas y, minutos más tarde, siendo las doce del medio día, recibí un llamada de mi hermano Jorge Enrique que me decía —hermano, se suicidó Diego, nuestro vecino ‖.

Debo contarles quién era Diego. Diego era hijo de un hombre maravilloso, alegre, simpático y servicial. Este hombre fue un símbolo de servicio para nuestras generaciones y se destacó por tener una farmacia al servicio de los seres humanos, era quien nos atendía en la salud incluso sin dinero. Diego heredó las virtudes de su padre, era un hombre con la mayor alegría del mundo, un hombre con alma y corazón de niño, juicioso y servicial. Diego fue ejemplo por ese carisma y amor que reflejaba siempre, todos lo conocíamos como Dieguito. Un día me encontré con Dieguito en el centro de Manizales y me dio un beso en la frente, me dio un abrazo y me dijo "Memito mi casa está a la orden". Él quería brindar todo lo que tenía a sus amigos, era un hombre con capacidad de amar verdaderamente.

Fue así como recibí la noticia de un doble suicidio en lugares diferentes. Entonces le pregunté a mi esposa ¿ por qué dos suicidios hoy? . Y sentí la impotencia del médico que ve morir a su hijo o a su madre, esa impotencia de no alcanzar a compartir en vida, aquellas cosas alegres que nos proporciona la vida. Sentí, con amargura, la experiencia que yo viví al ver a mí ser más querido suicidarse.

Ese suicidio que dividió mi vida en dos, ese suicidio que quería arrastrarme por el mismo camino, ese suicidio del cual me libré y liberé. Yo he fundamentado mi teoría de no suicidarse en la comprensión de un Buen Vivir, donde el ser debe reconocerse como ser humano, es decir buscar la humanización a través de lo que me sucede; a través de la ruptura mental-emocional por un pensamiento crítico y liberador; a través de comprender que la muerte es inevitable, pero entendiendo la vida con agrado y sentido; en la relación armoniosa del ser con la tierra y la naturaleza; a través de las emociones convirtiendo y convirtiéndose, ese ser, en un niño que con agrado comparte, llora y ríe, pelea y abraza, se enoja y olvida, pero ante todo mantiene la alegría y felicidad, esa misma que reflejó Diego toda su vida.

Amigos, el suicidio no es un camino a resolver lo que el ser humano no ha logrado, el suicidio es un flagelo que quiere evitar la paz, impide la armonía familiar, irrumpe la felicidad de muchos hogares; y la depresión es su aliado.

Guillermo Rojas Quiceno

LA VIDA Y LA MADRE

Cuando veo un niño o niña siempre me surge una pregunta, ¿quién será la mamá? Y esa pregunta viene porque la mayoría de las madres son buenas, protectoras y quieren lo mejor para sus hijos, ellas dan ejemplo y fortalecen el espíritu de ellos.

Hablo de las madres desde el aspecto de conformación del hogar y de algunas que luchan en la soledad; la madre que persiste en tener a sus hijos unidos, pero ante todo con una formación basada en principios; la madre que enseña a distinguir entre el bien y el mal; la madre que se gana el amor de sus hijos antes de nacer; la madre a la cual el Estado debe premiar por varias razones: enseña a amar la vida, enseña a amar a los demás, enseña a convivir y enseña a respetar la tierra; pero ante todo enseña a ser humano a través de la vivencia, de las encrucijadas, del dolor, de las necesidades y las dificultades.

Las madres son seres con una inmensa responsabilidad, yo diría que son una estructura fundamental en la construcción de sociedad y para esto debo traer una frase de Fromm (1999) —lo más bello que hay en la vida es exteriorizar las propias fuerzas, y no para determinado fin, sino por el acto mismo ‖ Eso a lo que se refiere Fromm es lo que una madre, en todo su sentido, logra a través del amor haciasus hijos, exterioriza sus propias fuerzas.

Con frecuencia he escuchado en el medio social esta frase "los padres dañan a sus hijos". Pienso que quizás los padres no sean tan responsables; yo reemplazaría esa responsabilidad por la ausencia de necesidades y dificultades. Cierto es que la abundancia hace a los hijos pasivos en la gran mayoría de los casos; trato de entender que el amor hacia los hijos ciega a los padres, convirtiendo a la madre en un ser protector, sobreprotector, alcahuete, tolerante, lo cual hace de los hijos seres tranquilos, manipuladores, calmados y como los denominan en el argot popular, poco serviciales.

Hacer el curso para ser buena madre no es sencillo, es una tarea que se construye a través del amor y la razón, la fe y la objetividad, el carácter y el sentimiento, consciencia y encanto por la vida. Como dice Boff (2001) la vida se forma suave, se transforma en encanto y en poesía. Es el gran papel de la madre transformar a ese pequeño ser en encanto. Y en este análisis debo decirles que a mí me toco la mejor de las madres, aquella que pensaba que cada día teníamos que ser más; aquella que consideró que todos los días debíamos despojarnos de las cosas que nos hacían pecar y nos impedía entrar en estado de espiritualidad. Una madre encantadora por siempre.

Observaba la película ‒La vida en rosa ‖ y con angustia trataba de entender por qué razón la mamá de Edith Piaf, la abandonaba en un prostíbulo, escena conmovedora y melancólica. Por mucho tiempo me he preguntado por qué algunas madres deben abandonar a sus hijos en circunstancias extremas y la respuesta sigue siendo ―las circunstancias de la vida ‖.

Cuando acompañé a mi madre hasta la tumba, sentí que aún me protegía, sentí que ella no quería despegarse de nosotros, que todavía nos veía como a niños y fue allí donde alcé mi voz al Todopoderoso, lo alabé y le agradecí por la oportunidad que nos dió de conocer el amor de madre.

LA VIDA Y EL PADRE DE FAMILIA

"Más dramática que la situación de la familia moderna parece la situación de padre. Vivimos en una sociedad sin padre o donde el padre está ausente" (Boff: 2005: 34).

Un niño amigo mío de tan solo siete años de edad, le pregunté por su padre y me respondió "no, él nunca me llama y me dijo que me iba a mandar una cámara para vernos por

Internet y nunca me la mandó, yo estoy enojado porque hace dos años que no lo veo".

Sufro cuando observo a una madre con su o sus hijos sin padre y mucho más sufro cuando veo a esos hijos con dificultades espirituales, afectivas, cariñosas; esto porque yo veo la figura del padre como aquel que da un toque complementario al amor, a la sensibilización. Recordemos a Fromm (1999: 51) cuando dice *el amor no es esencialmente una relación con una persona específica, es una actitud, una orientación del carácter que determina el tipo de relación de una persona con el mundo como totalidad, no como un "objeto" amoroso".*

El amor del padre tiene otros complementos en el ejemplo, en el apoyo moral y espiritual, es ese hombre que se gana el respeto de sus hijos a través de sus actos y lo más, mucho más importante es que ayuda a formar lo valioso de la sociedad: "la familia".

El padre, en un hogar, es el complemento justo de la familia que como dice Boff (2005) encierra altísimos valores y por otros contienen deformaciones lamentables. Yo prefiero seguir pensando que el padre debe proporcionar la fuerza del ejemplo; considero que virtuoso es aquel hombre que logra, a través de la perseverancia, seguir atento a sus hijos y la educación de los mismos; es maravilloso aquel padre que bajo la responsabilidad espiritual siente el amor del que habla Fromm en *el arte de amar*.

Cuando tengo la oportunidad de ver esos padres amorosos y expresivos, siento que ese padre es un hombre formado estructuralmente, un hombre alegre y feliz. Siempre he pensado que uno da de lo que tiene y el hombre con la figura paternal está en capacidad de emplear el tiempo en su familia y en la formación humilde y generosa de sus hijos.

Mi hermano Danilo me contaba esta historia: un día disfrutaba de piscina con algunas familias y amigos, un hombre que tenía dos hijos veía a esas dos criaturas y a la madre disfrutar dentro del agua, pero él no veía encanto en nadar y gozar con ellos tres, mi hermano se acercó y lo motivó para lograr que los cuatro (la familia) pasaran la mejor y más maravillosas de las tardes, la última tarde de sus vidas juntos. ¿Por qué la última? El día martes, la esposa de aquel hombre llamó a Danilo a contarle que su esposo había fallecido en un accidente de tránsito, le agradeció porque esa tarde fue la mejor de las tardes.

A los padres ejemplares y a aquellos que no lo son, es necesario recordar que ser padre es el encuentro espiritual más hermoso de la vida, que genera paciencia, comprensión, diálogo y acercamiento de pareja, pero esto se logra en el momento que se realicen cambios espirituales, para así permitir que el amor haga que ese hombre permita superar barreras y la fe se haga más intensa.

LA VIDA Y LOS SERES INACABADOS

La vida nos muestra cada día que es posible aprender un poco más, que existen diversos caminos de aprendizaje para fortalecernos espiritualmente y aceptar la vida en comunión, pues como lo manifiesta Paulo Freire (1980) aprendemos en comunión y de los otros seres.

Cuando me refiero al término inacabado, quiero decir con esto que es posible cambiar la forma de pensar de otra persona a través del buen ejemplo, humildad y paciencia para el crecimiento personal, pero ante todo posibilitar la acción humana como nos lo enseñó el maestro Darío Botero con la razón y la no razón.

Me contaba una amiga del alma, con quien compartí amistad desde que yo era un niño, que cuando ella ingresó a trabajar a una importante empresa, la primera sorpresa fue que una compañera de trabajo no la admitió y la trataba despectivamente, cada día se notaban los celos laborales y el rechazo social, propio de los seres humanos.

Hasta ahora la razón nos indicaría que la solución a dicho acto sea lo más simple y sencillo, la persona que es rechazada debería aislarse, y olvidar las ofensas. Para otros podría ser actuar de igual forma despectiva y grosera, pero no, cuenta mi amiga que se fue por el camino de la *no-razón* esto es: actuar con humildad como se lo indicó su corazón, cada mañana le brindaba una taza de café y un alegre "Buenos Días" pero en un acto sincero y cariñoso. Esa persona aceptaba cada café y abría su corazón olvidando los problemas personales y la presión de la sociedad. Poco a poco la no-razón de ese gran maestro Darío Botero nuevamente mostraba que no es amor con amor como se paga, es enseñando a través del ejemplo y la confianza.

Como somos seres inconclusos e inacabados validamos a través de los años y todos los años que la edad nos vitaliza con el ejemplo; que el amor nos hace dóciles; que cada ser humano abre la puerta de su corazón lentamente, que no es necesario forzar acciones, sino perseverar con humildad, también nos enseña que la puerta del corazón se abre en sentido contrario.

El rencor y el desprecio rompe canales del diálogo y de comunicación y como humanos juzgamos a simple vista, por ésta y muchas otras razones nos perdemos de conocer un poco más a seres que comparten el mismo trabajo, la misma aula escolar y hasta la misma casa.

LA VIDA Y LOS HERMANOS

La relación social entre hermanos depende de la cosmovisión de cada país o cultura de donde provengan. Existen grupos familiares que a través de la fortaleza generada por cada uno, logran objetivos y metas para la superación personal y familiar. Las comunidades indígenas han logrado vigencia a través del tiempo gracias al diálogo y trabajo en comunidad, esto por supuesto es un apoyo que cada uno le da al otro.

Quienes tienen hermanos tienen varias opciones, pero una de ellas es la de compartir con él o los otros cada instante de la vida, es la oportunidad que brinda la vida y el Creador de escogerle la compañía para el resto de la vida. Es claro que como todo en la vida existe una gran cantidad de elementos de juicio que permite la ruptura de amistad entre hermanos y la gran mayoría de estas son los bienes materiales.

Es necesario comprender que en el proceso de la vida entendemos poco a poco que una buena amistad vale mucho más que los bienes materiales. También nos enseña la vida que es necesario la construcción de puentes que nos acercan a los hermanos, nos permiten el disfrute de una relación familiar al calor del amor.

Los hermanos pueden ser el camino a la enseñanza, al aprendizaje, a la tolerancia; puede ser ese ser que nos escucha, aconseja, regaña pero olvida y comprende. Fortalecer la relación entre hermanos, es saber que en cualquier momento hay una mano que nos brinda apoyo, es saber que siempre hay alguien que por duro que sea el camino de la vida, nos habla tiernamente o fuerte pero en su interior existe esa ternura que es propia de quien compartió tiempos buenos o difíciles desde niño.

Ahora bien ¿qué pasa cuando un ser humano no tiene hermanos? Normalmente la ausencia de ese hermano o hermana hace que ese vacío le haga actuar y pensar con un poco de egoísmo y temor social; he considerado que debería ser al contrario, que quien no tiene hermanos comprenda la vida como un imán, atrayendo con cariño y amor a aquellos seres que lo rodean, salir de su propio egoísmo y actuar con ternura y humildad para lograr que todos los seres humanos sean como hermanos.

La vida es una gran oportunidad para vivirla con encanto y en comunión. Aquellos hermanos que se aíslan, generan en sus hijos poco afecto por los familiares, haciéndoles creer así que existen razones para dividir familias. Conozco, a través de la experiencia, casos familiares donde los niños ven a sus abuelos, tíos y primos como personas extrañas, pero esto sucede por la influencia de sus padres, no porque existan razones. Es el caso particular de mi sobrina Laura, quien ha dejado de pasar momentos muy felices por una postura asocial de sus padres. Quizá ella con el tiempo logre entender que de parte de sus tíos nunca existió rechazo, quizá interprete diferente pero debo concluir que no existe algo tan maravilloso como es el amor que le den a nuestros hijos.

REFERENCIAS BIBLIOGRÁFICAS

Arendt, H. (1.969). *La Condición Humana*. Barcelona: Editorial Paidos.

Bally, C. (1972). *El lenguaje y la vida*. Argentina: Editorial Losada. S.A.

Boff (2001). *Espiritualidade, Um caminho de transformaçào*. Brasil: GMT Editores Ltda.

Boff (2005). *Sâo José*. Brasil: Verus editora.

Boff, L. (2.004). *La Cruz Nuestra de Cada Día*. México: Ediciones Dabar.

Botero, D. (2002). *Vitalismo Cósmico*. Colombia: Siglo del Hombre Editores.

Frankl, V. (1957). *Psicoanálisis y Existencialismo*. Mexico: Editorial Fondo de la Cultura Económica.

Frankl, V. (1978). *Psicoanálisis y Existencialismo*. México: Editorial Fondo de la Cultura Económica.

Frankl, V. (1979). *El hombre en busca de sentido*. España: Herder.

Freire, F. (1980). *Cambio*. Colombia: Editorial América-Latina.

Freire, P. (1.970). *Pedagogía del Oprimido*. Colombia: Editorial Siglo XXI.

Freire, P. (1971). *Conciencia crítica y liberación*. Colombia: Ediciones "Camilo".

Freire, P. (1975). *La desmitificación de la concientización*. Colombia: Editorial Guadalupe Ltda.

Fromm (1992). *El corazón del hombre*. Colombia: Fondo de cultura económica.

Fromm (1999). *El Arte de Amar*. Barcelona: Editorial Paidos.

Fromm (2006). *El miedo a la Libertad*. Barcelona: Editorial Paidos.

Fromm, E. (1988). *El amor a la vida*. Colombia: Printer Colombiana.

Quintar, E. B. (1.998). *La Educación como puente a la Vida*. Neuquen-Argentina: Editorial de la Universidad Nacional de Comahue.

Restrepo, L. C. (1.994). *El derecho a la Ternura*. Colombia: Arango Editores.

Rojas, Q. J. E. (2005.). *Las 100 enfermedades más frecuentes*. Colombia: Gráficas JES Ltda.

Rusell, B. (2.007). *La Conquista de la Felicidad*. Argentina: Editorial Debolsillo.

NOTA SOBRE EL AUTOR

Guillermo Rojas Quiceno se ha dedicado a través del tiempo a tratar de comprender la importancia que el ser humano le ha dado a la vida y a la tierra. El fortalecimiento al vivir y el sentido del Buen Vivir. Ese campo de investigación lo ha llevado a trabajar a Leonardo Boff y Paulo Freire desde la ontología.

Su formación se divide en dos categorías: la primera en lo técnico, ingeniero electricista de profesión con especialización en telecomunicaciones y en derecho de las telecomunicaciones; la segunda es la parte del hobby, donde se hace magister en educacióny actualmente candidato a doctor en ciencias de la educación.

EVALUACIONES DEL COMITÉ EDITORIAL

Para hablar de la vida, se necesita haberla vivido con intensidad, el dialogar con Guillermo se ve – siente que así le ha sucedido, pero lo que sorprende es que lo plasme y comparta. Habla de la vida y anima a reflexionar y vivirla plenamente. Considera que la vida es una, que el tiempo pasa, que el tiempo es vida y no se puede recuperar lo que NO se ha vivido.

Compartir y trascender en otros sus experiencias es un mérito muy grande y un gran logro. Este libro sirve de alivio para aquellos que atraviesan momentos difíciles y, para otros, como reflexión, para meditar qué es de nuestra vida. Nos deja enseñanzas, entre otras: —Qué los reveses de la vida se pueden superar ‖y—La manera como procesamos el dolor es lo que nos define‖ es pues un libro para leer, reflexionar y compartirlo con aquellos que lo necesiten!!!

Mg. Harvey Montoya (Colombia)

O livro apresenta uma proposta inovadora para se tornar um complemento essencial para a compreensão da produção acadêmica de um pesquisador. Quando o autor está envolvido com as Ciências da Vida, as Ciências da Educação, mais fundamentalmente devemos considerar a sua trajetória autobiográfica revestida com suas emoções e sentimentos. Trata-se de uma publicação original que abre uma nova perspectiva para a formação transdisciplinar de pesquisadores na America Latina.

(El libro presenta una propuesta innovadora para convertirse en un complemento esencial para la compresión de la producción académica de un investigador. Cuando el autor está implicado con las Ciencias de la Vida, las Ciencias de la Educación, más debemos considerar fundamentalmente su trayectoria autobiográfica revestida con sus emociones y sentimientos. Se trata de una publicación original que abre una nueva perspectiva para la formación transdisciplinar de investigadores en América Latina).

Dra. Katia Brandão Cavalcanti
Programa de Pós-Graduação em
Educação da UFRN - Brasil

Tenemos en nuestras manos una obra refrescante que nos permite entrar en un diálogo íntimo con el autor sobre temas recurrentes de la vida cotidiana de cada uno de nosotros. Efectivamente, es un libro para portar en el día a día, abrirlo en cualquiera de sus páginas y recrear miradas diferentes sobre el sentido de la vida y sobre el Buen Vivir. Se siente en su escritura el deseo genuino de compartir reflexiones sin pretensiones vacuas y banales. He ahí el acierto.

Dra. Magnolia Aristizábal
Colombia